ANCIENT EGYPTIAN CELESTIAL HEALING

THE SOURCE CODES FOR HIGH FREQUENCY

古代エジプトのセレスティアル・ヒーリング

トレイシー・アッシュ 著　鏡見沙椰 訳

16.4.17

ナチュラルスピリット

目次

第I部

第II部

【15日間の瞑想プロセス】

ソースコードの瞑想

■免責事項■
本書の情報は誠意を持って提供されたものであり、身体的・精神的健康状態を診断するものでも医療や医師の助言に代わるものでもありません。医学的治療や助言に関しては、医療従事者にご相談ください。本書の使用や本書に含まれる情報によって生じる問題については著者と出版社は責任を負いかねますことをご了承ください。

あなたとこの世界を日ごとに輝かせる、
すべてのラブストーリーのために

まえがき

古代エジプトのセレスティアル・ヒーリングは、21世紀のための簡単な気づきと変容のスーパーテクノロジーです。輝かしい自分になり、地球変容の最前線に立つために不可欠な「方法論《ハウツー》」を熱く求める人々にこの本を捧げます。

この本を通して、あなたは「ソースコード」と呼ばれる、知性とエクセレンス（最高の状態）をパワーアップさせる奇跡の高波動のエネルギー源に繋がるでしょう。

本書では、あなたの人生と世界を加速させ、奇跡を起こす古代の知識やテクノロジーを歴史的・科学的に検証していきます。肝心なのは、あなたの人生と世界ですから！

本書では、変容を起こし、心の平穏を得るための簡単で実践的な方法論《ハウツー》を明かします。それが地球上のあらゆる自己啓発本の目的です！

次に、目覚ましい可能性を現実化する土台作りとして、高波動のスイッチを入れる秘訣を紹介します。

●ソースコードは、人生で解き放つべき最大にして最も重要な隠されたエネルギー源です。
●あなたの最も輝かしいストーリーを実現するために、高波動の変容と具現化の新開地を発動させましょう。

●これは新しい世界に入るための次なる進化のひな型《テンプレート》です。

今、意識的かつ責任あるかたちで波動を高める方法がますます求められています。エリートたちによる支配構造、陰謀論、制約的思考パターンを上書きし、消去したいと思っているなら、ぜひこの本をお読みください。そうすることであなたの人間としての新たな可能性の領域が開け、今までのストーリー（訳注　「人生とはこういうもの、自分とはこういうもの」というふうに、真実として受け入れている筋書きや展開のこと。誰もがたくさんのストーリーを持っており、ストーリーを変えたり、最もポジティブで輝かしいストーリーを呼び覚ましたりすることもできる）と世界が変わるでしょう。

そして苦痛のパターンを超えた、本物の変容と意識の変化が起き、自分と世界を真に効果的なかたちでポジティブに変えられます。その鍵はあなた自身です。

本書は、古代エジプトの遺跡を訪れてソースコードを発見した私自身の記録であり、この重要な地球変容の時代、愛とやさしさに満ちた目的と共有意識の新開地を伝えるものです。

私は自分の仕事を愛し、自由という変革の精神を愛しています。この本を通して、私の学んだすべてを皆さんと分かち合うつもりです。そうすればするほど、私自身も学べます。

人は分かち合えば分かち合うほど、日々、学びを深め、自分の住む世界で鮮やかに、目的意識を持って惜しみなく与えられるようになります。

これこそ最も真実に近く、非の打ちどころのない癒しとスピリチュアリティの道です。

この世界は揺るぎないやさしさ、真実、誠実さ、気づき、愛を必要としています。それが心を癒し、知的な貢献を可能にするからです。ただし、これらはあくまでも知的な概念であり、高い波動と自己への気づきなくしては実現できません。

私たちの世界は波動によって形成され、より良い世界への可能性は、知識のみならず、深い叡智と真実の波動にかかっているからです。

そうすればストーリーを変容させ、周囲の世界を本当の意味で変えられるでしょう。そして人生のあらゆる分野で、全く新しい時間と可能性と変化のパラダイムを呼び覚ますのです。

私はのちの世代、のちの地球に希望を伝えるために、この仕事を愛し、生きがいにしています。真の愛と思いやりを持つ人にとって、この道は英雄の道となるでしょう。それはポジティブで愛に満ちた、一切の我欲を持たない、目覚めた、光り輝く英雄の道です。

この本では、あなたがポジティブな変化を起こし続けられるように、波動の低い有害なストーリーや、時間のかかる有害なパターンから自由になるための方法論《ハウツー》を紹介します。

すべてのストーリーは確かに実在します。肝心なのは、あなたを制約し、この世界と人類全体の未来に影響を及ぼす、有害で、時には破壊的ストーリーから抜け出すノウハウを知ることです。

エリートたちによる支配構造が以前にも増して大規模な危機を生み出す今日この頃、内なるバランスと心の自由を保ち、変化を起こすのは難しいかもしれません。ここでは波動を上げることが鍵です。

周囲のエネルギーが低く、生きるのがますます困難になったとき、超パワーアップが可能だとしたらどうでしょう？　あなたの時間を奪う有害なパターンを断ち切れるとしたら？　スーパーチャージが可能だとしたら？

そうすれば、あなたは気づきと行動と人間味溢れる驚異的な旅に出かけ、本当に大切なストーリーに関わることができます。これはポジティブで善なる道であり、あなたの気づきと行動を次のステージに進める道です。

そうなって初めて、ポジティブな変革の力を手にし、自分と世界を深く、意識的に愛する能力がスケールアップするからです。

セレスティアル・ヒーリングはあなたの変容を輝かしいまでに加速させ、目的と行動力を強化し、高めてくれます。

生活の質を下げる有害なパターンや、苦しい時の「大掃除」的な対処法を抜け出したとき、あなたはどんな現実をつくることができるでしょうか？　貴重な時間と生命エネルギーを何に使いますか？

波動上昇は決してまれな出来事ではなく、瞑想中の至福体験に限られたものではありません。私たちはもっと日常的に高い波動を体験すべきです。肝心なのは日常生活で輝くことですから！

そのことを受け入れ、もっと輝かしさをつくり出しましょう。そうすれば類いまれな変化が可能となるからです。それがソースコードの真実です。

セレスティアル・ヒーリングは高い波動の中でパワーアップしつつ、そのパワーを維持し、あらゆるストーリーの中で意識的に、目的を持って生きる方法を教えてくれます。

２０１１年の「アラブの春」（注　アラブ諸国で発生した民主化運動）以降、私はエジプトをはじめ世界中の主な遺跡やパワースポットを訪れ、ソースコードに関する情報を受け取りました。こういった場所に暗号化された古代の知識との交流を通して、この時代に不可欠な、シンプルで高波動のスーパーテクノロジーが解放されたのです。

これだけの内部情報を知れば、誰もが低波動の有害なストーリーのパターンを断ち切り、最高の自分として生きようとするでしょう。**高波動の輝かしさなくしては、あなたが夢見る変化を起こすことはできません。**

高波動の輝かしさなくしては、来たるべき時代の目指す永続的自由と進化をつくり出すこともできません。

私のワークを受けた人は必ず「やり方を教えてください」と言います。この本は飛躍的な変容と気づきと具現化に不可欠な、最新の方法論《ハウツー》を提供しています。この本を使ってソースコードに入る旅に出かけ、あなたの目的と可能性をスケールアップし、人生と世界に目覚ましい変化を起こしましょう。

ソースコードは、人類の太古からの宇宙との繋がりと起源を明らかにしてくれます。

このスーパーテクノロジーは、あなたの意識と変容と輝かしさに関するストーリーを強力に再構築し、より良い世界を生み出す助けになるでしょう。

人類全体を制約する有害なストーリーを超えた生き方がしたいですか？

この世界をポジティブなかたちで変革し、かけがえのない貢献をしたいという熱い思いがありますか？

自分のために、とりわけ他者のために輝かしいストーリーを生み出すことを夢見ていますか？

今よりさらに輝かしいストーリーを生きるノウハウが知りたいですか？

本書にはそのための秘訣がたくさん散りばめられています。今こそ決心しましょう。あなたの輝かしいストーリーは新世界の種であり、それは全世界を変えるかもしれません。

1999年以来、私は自分と周りの世界をパワフルに、持続的に変える方法を模索する人々に関わってきました。こういった人々は、輝かしいまでの目的と変化を繰り返し解き放ち、その状態を保つための方法論《ハウツー》を求めています。私はいつもポジティブな世界を心から望む知的な人々と関わる機会に恵まれるようです。

この流れが著《いちじる》しく加速したのは、2011年の「アラブの春」の最中、私の主催する『光への回帰ツアー』でエジプトの古代の遺跡を巡っていた時のことです。

この時、私はソースコードの啓示を受け、そのパワフルで目に見える、わかりやすいエネルギー交流を動画に収めることにも成功しました。

この体験によって解放された最高波動の古代の知恵は、有害なストーリーや出来事の中にあってもポジティブな変化をもたらし、選択の機会を与えてくれます。

その結果、激しく混迷する世界情勢の最中で、私はビジョンを共にする多くの人とワークし、心の絆を結ぶことができました。かくしてセレスティアル・ヒーリングの種が植えられたのです。

その後、私は世界中の主なパワースポットでワークをしながら、圧倒的な目覚めと変容を起こすには「波動」が肝心だという理解に至りました。以来、困難な状況の最中でも、人間と地球を癒す高波動のスイッチを入れる方法を覚えました。

ソースコードは**想像をはるかに超えた変容**を解き放ち、新たな超意識と地球レベルの平和への道を開きます。
セレスティアル・ヒーリングは、大衆と異なる考えや信念、夢を持ち、ポジティブで良い変化を今起こせると信じる人のためのものです。それには勇気とビジョンばかりでなく、新しいポジティブな変化を起こす戦士や大使としての、高波動の行動力と貢献力が必要です。

2014年11月にギザのピラミッドの「王の間」で撮影した本書のプロモーション用の動画の中でも、ソースコードが宙を舞い踊っています。動画の中で、私は人類と世界の変化が急務である理由について語っています。この YouTube 上の動画は、輝かしい平和と進化をもたらす驚異的波動を目撃し、じかに体験させてくれます。私が撮影した動画のコレクションはすべて、これと同じストーリーを語っています。

それは二元論と苦痛を超えた、次なる進化のステージへと私たちを連れていくストーリーです。

この本では、人類の宇宙的起源、ソースコードの真理を隠蔽《いんぺい》する陰謀論、古代エジプトの技法のスーパーパワー、失われた古代人の知識について探っていきます。

また、ストーリーや波動が人間の自由や選択権を制限する仕組みや、ソースコードを通して無数のストーリーの中を舵取りし、あなたの主権性にふさわしい輝かしさと真理に繋がる方法、ソースコードを使って日々ますます高波動の意識と目的と変容の中で生きる方法について解説していきます。

ソースコードと繋がったとき、何が変わり、何が期待できるのでしょうか？　一体、何が具現化できるのでしょう？

あなたは主に次の3つを発見するでしょう。

驚異のスーパーテクノロジー：パワースポットで超変容のビジョンを見た時、私の中で古代のテクノロジーが甦《よみがえ》りました。第Ⅰ部では、このエネルギー的テクノロジーを最先端の科学と歴史、スピリチュアリティの観点から解説します。

第Ⅱ部では、簡単な瞑想法と波動を上げる実践法を紹介します。これはソースコード・テクノロジーを使い、瞑想の中で、そして毎日の生活の中で変容して自分の最高の部分を呼び覚まし、今この瞬間を生きるための方法です。

ソースコードの重要性：ソースコードはこの激動の時代の中で舵取りをするために不可欠です。本書では自分と世界を大きく変え、進化させなければならない理由と方法、さらに超意識を解き放って新しい変化の可能性を生み出す仕組みについて解説します。

人類と地球の新たな夢へのゲートを開く、魔法のようなスーパーエネルギーをとらえた写真や動画、私のブログをご覧になりたい方は、www.traceyash.com を参照ください。

セレスティアル・ヒーリングの効果：セレスティアル・ヒーリングはあなたの魔法を何度でも解き放ち、変容を起こします。取るに足らない現象や、精彩を欠いた地味な瞑想やブレークスルー体験とは、もうおさらばです。

セレスティアル・ヒーリングは最も大切な日常の場面で効果を発揮し、あなたの輝かしさを維持してくれます。それは自己への気づきとノウハウと強力な解決法を呼び覚まし、人生体験をポジティブで強力に変容させ、高めるための方法論《ハウツー》となるでしょう。

ストーリーを変えたいなら、セレスティアル・ヒーリングはそのための圧倒的なエネルギーと気づきをもたらします。すると何を体験しても心は平和に満ち、非凡な生き方ができるでしょう。なぜなら、どんな体験をしていても「輝かしい自己《マグニフィセント・セルフ》」が前面に出て、今の自分に最も深い学びと叡智に取り組めるからです。

あなたの人生はユニークなものです。そして、もしそう望むなら、より良い人間として生きて、愛するための素晴らしい機会に溢れています。

本書がその大きな助けになることを願っています。

祝福を込めて

２０１５年　トレイシー・アッシュ

第 I 部

人生で最も永続的で緊急の問いかけは、
「自分は今、他人のために何をしているか？」である。

マーティン・ルーサー・キング・ジュニア

序文

１９９９年以来、私はスピリチュアルな戦士、変革者、意識の高い人々を触発し、共にワークをしてきました。

今、この激動の時代をポジティブに変えようと夢見る人々による大きなうねりが来ています。こういった人々は、地球や社会をポジティブに変えていく必要性を痛感しつつも、より大きな貢献を阻み、人間の価値や人生の質を損なう時代遅れの窮屈なストーリーと闘っています。

テーベ「王家の谷」
2012年撮影 ©Tracey Ash Film and Photo Archives

たとえば、愛する子供のために世界と歴史を変えようとしている親たちがそうです。政治活動家もそうです。日常の職場やスピリチュアルな分野や慈善事業、科学、教育、マスコミや映画業界で変化を押し進めている人々も、同様の課題に直面しています。

旧時代的なものが崩れゆく、このワクワクするような意識変容の最前線においては、誰もが等しく大切な存在です。これは決して目新しいテーマではありませんが、世界情勢によって変化が余儀なくされる中、このテーマに賛同し、取り組む人の数は急増しています。

今、かつてない自由と知性をもたらす、新しい高波動の使命《ミッション》と目的のひな型《テンプレート》が存在します。それは間違いなくポジティブで善良なものです。

このひな型は常に更新され、アップグレードされながら、ソースコードをさらに解き放ち、変容と気づきと具現化の可能性を秘めた新たなひな型を生み出します。それは豊富なエネルギーに満ちた、パワフルで効率的な進化と平和をもたらすひな型です。

意識を故意に減速させる破壊的体制や信念体系から抜け出し、ポジティブで良いストーリーに入るという選択肢はあるのでしょうか？

もちろんあります！

私は物心ついた時から、人間の存在意義を知りたくて常に問いかけ、探索し、紐解き、旅をし、最も大切なストーリーに耳を澄ましてきました。

こうしたストーリーを探っていくことで、自らが選び、創造した人生を深い部分で理解し、知恵が得られます。そうすれば、何を体験しようと深い部分で癒され、自由になるでしょう。

私は自分が出会うすべての人々や体験、古代遺跡、パワースポットともっと深く関わり、学ぶために、ある厳密な意識の手法を開発しました。

この世界のあらゆるもの、あらゆる事象の背後には真実が隠れています。私はその真実に耳を澄まし、他者にも耳を澄ます方法を教えています。この真実こそが人生を豊かにし、人生に価値と意味を与えるからです。

私は自己発見と具現化と変容をもたらす最高の瞑想法について調べ、探求していきました。そして耳を澄ませば澄ますほど、変容と創造と加速をもたらす方法を発見しました。私は鍵を見つけたのです。

しかし、それだけでは不十分です。ソースコードは人と共有すべきものだからです。

その後、世界中のどこを旅しても、私は何度も同じ鍵を見つけました。それは意識の目覚めた、生命エネルギーに満ちた「英雄の道」を教えるための鍵であり、高い波動で生きるという輝かしい新開地に至るための鍵です。

私は自己と世界を向上させる解決策を発見し、生み出すことに魅了されています。

低波動の破壊的ストーリーが氾濫する世の中で、どうやって輝かしい自分を解き放ち、目に見えるかたちで維持すればよいのでしょうか？

あなたにも心当たりがあるはずです。強力な瞑想や内省の瞬間に、輝かしい自己を垣間見ているはずです。

では、それをどうやって繋ぎとめればよいのでしょうか？

あなたの輝かしさはこの世界を向上させ、他者の人生に強力でポジティブな影響を与えるかもしれません。それが真の英雄の道であり、ヒーラーの道です。

どうすれば、すべてのストーリーに耳を澄ましながら、最も輝かしくポジティブで善良なストーリーに辿り着けるのでしょうか？　数々の気を散らすストーリーの中で、それをどう見つけ、信頼し、維持するのでしょうか？　肝心な時にパワーアップし、そのパワーを保つ方法を覚えるのでしょうか？

こんな時こそ、しっかりと目を覚ましておかなければなりません！

私は自己を高め、より良い世界を創りたいと心から願う人々のために、自分の全使命をかけ、情熱を注ぐ決心をしました。波動を高めて大切なニュートラル・ポイント（中立点）に到達し、輝かしい自己への門を開く、変容と気づきのテクノロジーを開発しました。それはまさに、人間の可能性を大幅に加速させるものです！

私は子供の頃からずっと瞑想してきました。瞑想の知識は生まれ持ったものであり、１９８７年以降はチベット仏教、禅宗、神道、ＴＭ瞑想、視覚的同調、西洋的瞑想法、視覚化や肯定的思考《ポジティブシンキング》、シャーマニズム、微細エネルギーによるヒーリング、伝統的なミディアムシップ、トランスチャネリング、明晰夢の分野で訓練を受けました。ファッションデザインの学位も持っています。

こうして見えない世界を見る訓練を受け、視覚化、デザイン、未来予測の分野で学びながら、いろいろな幅広い教えを体験しました。

中には、本来の考え方は素晴らしいのに、それが徐々に（直接体験ではなく）二次情報として伝えられた結果、内容が薄められたものもありました。こうなるとパワフルな高波動に触れられず、変容の魔法が失われます。すべての先生やファシリテーターが最高レベルの輝かしさを理解し、重んじているわけではないということです。

輝かしさこそ高波動のスイッチであり、有害なストーリーを手放す選択権を与えてくれます。この意識レベルなくしては、有害なストーリーを永遠に伝えていくことになるでしょう。

プロセスばかりを重視し、奇跡的変容と目覚めをもたらす意識レベルをないがしろにする先生やファシリテーターがよくいますが、**これは完全な間違いです！**

それでは相手を枠にはめ、成長を阻む窮屈なストーリーに基づいて疑わしい変容ワークをすることになり、本当の意味で人を助け、自由にすることができません。家族や友人、クライアント、そして未来の世代に貢献する方法でもありません。

先生やファシリテーターの意識が目覚めていないと、生徒や求道者の大切な時間を無駄にし、自然な目覚めと変容のプロセスが阻まれます。そしてそのストーリーが継承され、再現されていくのです。

ごくまれに起きる偶発的な瞬間や秘められた内的体験ではなく、肝心な日常生活でパワーアップし、輝かしさを解き放ってほしいのです。**あなたの人生にとって意味あるストーリーを呼び覚ましたいのです。**それが私のビジョンです。

今という時代において、奇跡的変容や具現化を日常生活の一部にすることが極めて重要です。

これからの時代は画期的な自由と前進を引き起こし、そのプロセスをさらに高め、加速させてくれる目覚めと変容の手法が必要です。もう時間がないからです。

かけがえのない時間と生命エネルギーを有効に使いながら、ポジティブで革新的変化を生み出すことが急務です。苦痛のサイクルを何度も繰り返している人ならわかるはずです。人類全体がそれを自覚していながら、今も継承され、再現されている有害なサイクルから抜け出す方法を知らないのです。それは私たちの進化を阻み、操作とコントロールを目的とした波動の低い陰謀です。

「ソースコード」とは何でしょうか？　最高に奇跡的な毎日を生きるには、それをどう使うべきでしょうか？

私は、魔法のような体験やポジティブな出来事を具現化し、人間の輝かしさを加速させるためのソースコードの使い方を研究し始めました。この研究の一部は、『日本サイ科学会』という第1級の科学者グループの協力のもと、現在も進行中です。

「どうすれば」日々、ますます輝かしい自分になり、不要な低波動のストーリーを変えられるのか？

私の研究はそこから始まりました。

●どうすれば、大切なストーリーに気づき、それに耳を澄まし、自由になる力を大幅にアップさせられるのか？

●どうすれば、人生を変える真実（目的を含む）にもっと耳を澄ますことができるようになるのか？

人生の真実について悟るのは、ニュートラル・ポイント（中立点）に入った時です。こうした瞬間は奇跡的に訪れることもあれば、長い心の葛藤の末に訪れることもあります。ニュートラル・ポイントはその人の使命と健康と気づきと最高の幸福感にとって欠かせません。未解決のトラウマと葛藤を抱えていると、いつか手のかかる「大掃除」をする羽目になります。すると健康と最高の人間的可能性という新たな現実が制限され、この世で達成可能な善が制限されてしまいます。

●どうすれば、波動を上昇させ、大切な時間を増やせるのか？　どうすれば、輝かしい自分を思いきり拡大させられるのか？　どうすれば、日々たくさんのストーリーの中でより賢く、パワフルに生きられるのか？

●私は世界各国で何千人もの人々に、シンプルで高波動の内面のワークで揺るぎない土台をつくり、それを肝心な毎日の生活で活かす方法を教えています。こうしたワークは何度も繰り返すお馴染みの不健康なストーリーを振り払い、時間を折り曲げ、夢さえも変えてくれます。

●どうすれば、知識だけの理解を超え、実際にポジティブで善良な生き方ができるのか？　どうすれば、何よりも大切な高波動を維持し、研ぎ澄まされた感覚と完璧な責任を持って精一杯生きられるのか？

●輝かしい自己は、ポジティブで良い変化を起こすための新たな主柱となります。気づきを高めるだけで人生や世界は変わりますが、それは通常ゆっくりとした変化です。では、この過程をスピードアップできるとしたらどうでしょう？

高波動は、無数のストーリーの中にあっても輝かしい自己を強化します。

人生は常に多くのストーリーから成りますが、輝かしい自己はあなたをパワーアップさせ、貴重な時間と生命エネルギーを何に注ぐべきか見極める力を与えてくれます。波動を上げれば、人生と世界を変えるような賢明な選択と責任ある行動が可能になります。

時間的制約があったにもかかわらず、私はこの本を書き始めました。家庭生活や、自分の運営するスクール、クライアントとのセッション、古代のパワースポットを訪れるスケジュールの合間を縫って、輝かしい変化を求める意識の高い人々やポジティブな変革者、スピリチュアルな戦士とこの革新的知識を共有すべく、執筆に取りかかったのです。

高波動は自己への気づきを高め、賢く責任感溢れる選択を可能にします。それは自分ばかりか、あなたが日々接する人にも深い癒しをもたらすでしょう。自分を大切にするときは、輝かしい自己が拠りどころとなります。

高波動はかけがえのない自由をもたらし、その奇跡を他の人にももたらします。そして有害なストーリーに終止符を打ち、チャレンジがあっても短期間で簡単に乗り越えられるようになります。人生を変えるひらめきや解決法が目と鼻の先にあり、時間を折り曲げ、人生という旅が奇跡的にパワーアップします。

ソースコードの中でますます輝かしい自己になり、最高の自分の水準を少しずつ上げていきましょう。

それは輝かしい変革者として生き、過去のストーリーがどんなものであれ自由になり、自分を癒し、大切な時間と人生を深く愛する術を知ることです。

そうして心の平和を得たあなたは、周りの世界に平和と気づきの火を灯します。これは本当の意味でポジティブな変化です。

高波動を解き放てば、ストーリーを簡単に進化させ、それを驚異的な可能性に変換することができます。こうして人生が解き放たれます。

高波動のテクノロジーは、葛藤と解決、苦労といった長々としたプロセスを省略してくれます。それがソースコードのスイッチです。波動を上げることで、スピーディで驚異的な変容を何度でも起こせるのです。

古代遺跡を巡っていた時、ソースコードへのドアが開き、私は中に入りました。それ以降、私はクライアントの輝かしさと真実のストーリーを見つけるために、ソースコードを解き放つようになりました。

時間を旅するタイムトラベラーとなり、一人ひとりのライフビジョン（訳注　人生の目的《ライフパーパス》は個人的なものだが、ライフビジョンとは、本人が解き放たれて自由になったときに発動する、他の人や社会との関わりを含めた、より大きなスケールの目的）の過程と目的を敬うことを覚えました。

ソースコードはあなたの知性と平和、変容、具現化の可能性を再構築し、高めます。そうすることで、高波動の主権的選択ができるようになり、有害なパターンを抜け出し、ポジティブで善なるパターンに飛び込めるようになります。これはあなたの生命エネルギーを保つために不可欠です。

ソースコードは自己への気づきに必要な、強力な再起動《リブート》を起こします。愛する人のために、そして人類や地球の未来のためにも、ストーリーを変えることが急務です。ソースコードはあなたの日常と全人生に必要な高波動の変容を実現させてくれるでしょう。

独りで内面に取り組む場合も、グループで世界平和を願う場合も、ソースコードは今、求められている平和とポジティブな行動を可能にしてくれます。世界を変えるためには、一人ひとりが変わることが鍵です。

２０１１年、エジプトのアラブの春へ

私は力をまとった輝ける者、他のいかなる輝ける者よりも強大なり。

『死者の書』より

２０１１年の春分の日、私は自身の開催する『光への回帰ツアー』中に、無数のオーブと多次元のソースコードを、16分にわたって動画に収めることに成功しました。ラムセス３世の葬祭殿内でのことです。「王家の谷」に近いこの見応えのある遺跡は、有名な古代のパワースポットでもあり、このツアーで私が訪れる数多くの遺跡のひとつです。また、古代遺跡に関する現在進行中の調査の際にもよく訪れます。

後日、私はこの現象に関する研究論文と動画のコピーを、ロンドンの『カレッジ・オブ・サイキック・スタディーズ』と『日本サイ科学会』に寄贈しました。

カレッジ・オブ・サイキック・スタディーズは１８８７年以来、収蔵してきた一流の研究アーカイブを誇りますが、マックス・イームズ元学長は、この動画を今まで目にした中で最も良質な証拠画像と評してくれました。紀元前１１８０年に建造されたルクソール西岸のラムセス３世の葬祭殿にて、個人レベル、地球レベル、人類レベルの癒しのストーリーが現れ、撮影されたのです。

この日、私たちの一行は日の出と共に「王家の谷」を歩きました。永遠不変のテーベの山々を眺め、自然なピラミッド型の山頂を見た後、ツタンカーメンの墓を訪れました。それからラムセス3世の葬祭殿に到着し、迷宮のような神殿群の中を守衛に案内され、人目に触れない最も神聖な場に通されました。

「アラブの春」が始まり、東日本大震災後の福島の原発事故が世界を震撼させて間もない２０１１年3月当時は、前代未聞の地球規模の変化がいよいよ加速し始めた、極めて重要な時期だったといえます。

私が撮影した動画には、生き生きとした多次元エネルギーとの交流の様子が映っていました。空中から羽根が出現し、何千ものオーブが多様なスピードで縦横無尽に流れていきました。オーブの大きさや形は様々で、完全な球体もあれば、白やピンクやブルーの尾のついたものもあります。

この時、私たち一行は人生を変えるような、この上ない超変容を共に体験しました。この体験は、のちにあらゆる背景や職業の人々にワークをする際の、扉を開くひな型《テンプレート》となり、そのひな型は世界中の様々な首都で強力に開いていったのです。

２０１１年3月21日の正午、4日間の『光への回帰ツアー』が終わりにさしかかった頃、私たち一行はソースコードのパワーの源たる「ネテル」の超越的パワーを古代のままに体験しました。

この時、私たちの意識は再びソースコードと繋がりました。時を超えた古代の叡智が、白やブルー、グリーンの無数のオーブの奔流となって次々と現れました。

オーブの尾の先端は分厚い毛布のように神殿の床に広がり、目に見える不透明な白い光を放っています。私たちは誰もが夢見るような変容を体験し、それを動画に撮影したのです。

一行はさらなる世界平和と癒しという使命のために鮮やかに瞑想し、変容を遂げました。すると白い羽根が幾度となく見えないエネルギーの扉から出現し、まるで重力を無視するように上昇しては、神殿の高い所へ吸い込まれていったのです。

エジプトの『死者の書』の裁判の章には、人間の心臓と女神マアトの羽根を天秤にかける記述があります。

この時、心臓と羽根の重さが均衡であれば、永遠の命が約束されます。ここで天秤の目盛りを読むのはトートまたはマアトかアヌビスで、羽根はしばしばマアト自身とされます。アヌビスまたはマアトは心臓の重さを量り、その魂が永遠の世界に入ることを許されるか見定めます。

ラムセス3世の葬祭殿の奥の壁には、この裁定の様子が描かれています。

ルクソール東岸に戻る護送付きのマイクロバス内で動画を再生しながら、私は言葉を失いました。そこには、古代の叡智が命を吹き込まれたかのように息づいていました。物心ついた頃から瞑想してきた私にとってもそれは目新しく、よりパワフルな目覚めと変容を、はっきりと目に見えるかたちで促していました。

一行を見渡すと、誰もが生き生きと輝いていました。ソースコードという超高速のテクノロジーが、最も低波動のストーリー、つまり私たちの光を鈍らせるストーリーを魔法のように変容させたのです。

低波動のストーリーは時間と気づき、健康、主権性と輝きを奪うようにできています。生存とコントロールに明け暮れる生活から抜け出し、大きく変わるために一歩踏み出そうとしたとき、そのためのエネルギーを奪い取るのです。


かけがえのない自由への夢を解き放つことは可能でしょうか？

私は人間の輝かしさを隠蔽《いんぺい》し続ける、最大にして執拗なストーリーを凌駕する、ソースコードのスイッチを発見したのでしょうか？

驚異的な可能性を開くことはできるのでしょうか？

この時間を超えた圧倒的なエネルギー源は、人生のパターンも書き換えられるのでしょうか？


ソースコードのスイッチは一人ひとりのビジョンと最高の健康状態を調整し、アップグレードさせ、その結果、内面の可能性が開き、何度でも再構築されます。

ソースコードのスイッチが入ると、人は自由になります。そして自立し、目的意識を持ち、目に見えてエネルギーが輝きます。

ソースコードのスイッチが入らなければ、**高波動の目覚めと変容が起きず、人生に不可欠な突破口《ブレークスルー》と自由がほとんど持続しません。**すると苛立たしいほど同じパターンを繰り返し、波動の低い生き方から抜け出せなくなります。

私はドアを開く鍵を見つけたのです。ありきたりのドアではありません。ソースコードという広大無限のエネルギー源は、変容と輝かしさを維持する門《ゲート》として、日々の生活に超意識をもたらすからです。

これは単にヒーリングの話ではありません。自由になった人々が、共に世界平和、地球のヒーリング、奉仕というグローバルなビジョンに向けて協力し合い、障害や古いエネルギーを変容させ、自分自身への言い訳をやめることと関係しています。

私は、困難な出来事の最中にも、個人やコミュニティがポジティブな変化と癒しに向かい、世界が一丸となって協力し合う新しいあり方に気づきました。

それは世界の流れを変える重要な出来事を意識しつつ、古代のテクノロジーを通してソースコードに繋がり、個人レベル、集合レベルで内なる平和と癒しとパワーを築き上げるということです。

スタート地点は、まずは自分からです。

目覚めた個人がこの切迫した時代にまともな貢献をするには、勇敢さと平和的な行動力が必要だと痛感していました。

もはやポジティブ・シンキングやビジョンボード、ドリームワークだけでは足りないのです。

世界情勢によって人類の行くべき道の明暗が分かれた今、引き寄せの法則や具現化のアプローチを見直す必要があります。行くべき方向を知り、見極めるには波動を上げるしかありません。もうアップダウンを繰り返している余裕はないのです。

そして波動を上昇させるには、ソースコードがとびきり有効です。

これは真の自由を得て、貢献し、行動するために不可欠です。そうすれば、未解決の痛みを最優先して生きる必要はなくなり、心の平和を得たあなたはもっと大きなスケールで、力強く前向きに貢献する方向へと生命力を使えます。

ソースコードのスイッチは、あなたの生命エネルギーと輝かしさを格段に高めてくれます。すると問題が変容し、より大きな気づきに火が灯ります。

一人ひとりが超変容を遂げれば、もっと強力な可能性を生み出せるのでしょうか？

はい、そうです！

困難で大きなストーリーがようやく解消され、新しい道や解決法が開けたあと、さらなる特上の奇跡が起きる可能性はあるでしょうか？

はい、あります！

ソースコードの意識領域《ゾーン》に入れば、生命力を奪う困難なストーリーを含め、すべてのストーリーの中で輝かしい自分でいるための「超変容の鍵」が手に入ります。

個人やコミュニティがポジティブになって主権性を取り戻せば、この世界的危機の中で変化を起こせるでしょうか？

それが私の長年の大きなビジョンであり、そのための方法論《ハウツー》が今、急速に明らかになりつつあります。世界がさらに加速的に変化する中、この意識領域《ゾーン》に留まることがいっそう重要でした。それはかけがえのない内なるエネルギー源への鍵であり、その鍵を手にした私は、他の人とそれを分かち合いたいと思いました。

そして、その通りになったのです。私は世界各地に呼ばれ、高波動の人々やコミュニティにスイッチを入れ、地球の癒しという大規模なワークを行うようになりました。


2011年の「アラブの春」の頃、観光客がまばらになったエジプトの古代遺跡はまたたく間に、平穏に満ちた、神聖で心癒される風景に変わりました。

私の『光への回帰ツアー』の参加者たちは、外務省から渡航勧告が出ていたにもかかわらず、ポジティブで革新的変化を生み出すという強力な決意のもとに集まっていました。この重要な決意は、のちに参加者一人ひとりの中に新しい目的と変革者の精神を喚起することになります。

世界中の先駆者に目覚めと変容をもたらすこの新たな方法論《ハウツー》を伝えながら、私の旅はさらに加速していきました。

ソースコードに出会ったことで、私は行動と具現化と知識獲得に必要なスーパーエネルギーを呼び覚まし、高波動の自由とシンクロニシティというこの上ない主権性を得たのです。

私はいつしか世界中のパワースポットを訪れ、そこに埋めこまれたパワフルな古代の叡智と交流するようになっていました。

古代人が、この時を超えた叡智を残したのは、私たちが未来を知り、未来をつくるのを助けるためです。かくして、ソースコードのパワーが地球の進化と癒しのビジョンを呼び覚まし始めました。

ソースコードは意識の目覚めた人類、神なる人類に向かうための高波動の道を解き放ちます。古代の知識の封印が急速に解けつつありました。ポジティブで善良な意図を持てば持つほど、さらに多くのソースコードが発動し、私のワークを受ける人や、私自身の目的と使命がパワーアップされました。

ライフビジョンと具現化に関する高波動の情報を伝えても、その波動を維持し、保つのは本人の責任でもあります。それが内なる平和を持続させる鍵であり、真の世界平和とポジティブな変化と加速の鍵でもあったのです。

私はソースコードという革新的体験について問いかけ始めました。

ソースコードを体験すると何が起き、何が意識に再び組み込まれるのでしょうか？

どんなふうに視野が広がり、目的と変化と可能性が広がるのでしょうか？

ソースコードに触れることで、どんな気づきと変容が起きるのでしょうか？

私たちは、ただ愛を持って、シンプルに、平和的に選ぶだけで高波動の超変容が起きる、新たな時代に入ったのでしょうか？

人間の可能性を飛躍的に高め、世界平和とポジティブな変化を起こすためには、どんなかたちでソースコードを使えばいいのでしょうか？

古代の遺跡やパワースポットの存在意義は何でしょうか？

ここまでの変化を起こす他の要因があるとしたら、それは何でしょうか？　占星術上の周期か、世界的な出来事でしょうか？

これは誰にでも体験できることでしょうか？

ソースコードはどのようにして、低波動で有害な故意のストーリーを上書きするのでしょうか？

21世紀は人類の新たな驚異的ストーリーが生まれる可能性を秘めています。**新しい神聖なひな型**というストーリーです。

ではどうやって一人ひとりがそれを達成するのでしょうか？

人類は今、苦痛にフォーカスし続けるパターンから、個人レベル、世界レベルで抜け出し、未来の世代のためのポジティブな地盤をつくる段階に来ています。

ソースコードは新しいスーパーエネルギーのコードを入れてあなたを甦《よみがえ》らせます。そして、より良い意識的な選択より時代遅れの考えやエリート支配の構造、制約的世界観を選ぶという牢獄から自由にしてくれます。

すると地球と次世代のために新しい高波動のストーリーが組み込まれ、これによって時間を折り曲げ、健康と最高の幸福と人間の可能性を具現化することができます。

本書は人間の膨大な潜在能力に関する情報に加え、素晴らしい自由とヒーリング、可能性と具現化を、日々維持するための実践的な方法論《ハウツー》を提供します。大きな変容やブレークスルーに伴うジェットコースターのようなアップダウンを超え、さらに輝かしい人生をつくり出しましょう。

ソースコードはまさに必要な時にエネルギーをアップさせてくれます。**輝かしい人間というひな型を選び、輝かしい運命をつくることを可能にするのです。**

ソースコードは可能性のパワーであり、ゆだね、手放し、最も輝かしい夢やストーリーを具現化するためのパワーです。

ソースコードは人生の良いストーリーも悪いストーリーも共に体験しながら、困難の中で楽々と流れに乗り、強い自分になるためのエネルギー源なのです。

ソースコードは最も高波動の**ヒーラー、変革者、ビジョナリー（ビジョンを描く者）、ピースメイカー（平和をもたらす者）**のひな型です。具体的には、それは新しい変容と気づきと具現化の可能性を呼び覚ますひな型といえます。

ソースコードは決して安易なスピリチュアルではありません。ソースコードはスピリチュアルな変容と瞑想の効果を、力強く安定した穏やかなかたちで実生活に活かすためのものです。


この新しいひな型に入った人はポジティブな変化を起こし、目覚めた生き方をしながら、有害で窮屈なストーリーから抜け出していけるでしょう。

そして光のひな型とエネルギー源を取り戻し、健康と最高の幸福感が呼び覚まされるため、新しいものと時代遅れのものが共存する現代の過渡期を生きていく力がつきます。

この新しいひな型の中でいったん変容すれば、今までのチャレンジも克服できるでしょう。

これらのひな型は目覚ましいエネルギーレベルを保ち、変容や意識のブレークスルーを促し、奇跡を具現化してくれます。

これは心の平和と強さを同時に深める全く新しいあり方で、地球をポジティブに変えるために必要な知的な気づきと行動力を強化します。そして時代遅れのストーリーから自分を立て直し、あなたの自由が他のすべての人の自由となります。

あなたは光り輝く平和の戦士、ポジティブな変革者、英雄、ピースメイカー、目覚めたビジョナリーとして、この人生を本当の意味で変えていくのです。

アビドスのセティ神殿
2014年撮影 ©Tracey Ash Film and Photo Archives

私はソースコードを分かち合い、人生やストーリーを変える新たな自由への旅を分かち合うことに熱い思いを持っています。

私は自分の関わっている人々が大好きです。それは皆、あなたと同じ、輝かしい自己のパワーを大切にし、この世界の変化を心から願う人ばかりです。

第1章
古代エジプトの大ピラミッド

以前、この者はアトランティスの地にいた。アトランティス（またはポセイディア）の来たるべき崩壊について、『一なる法則』の教師や指導者から知識が伝えられていた時代においてだ。

その後、この者は他の者とアトランティス（またはポセイディア）を離れ、ピレネー（またはポルトガル）を経て、神官ラータが呼び戻されたあとのエジプトに渡った。そしてサネイドや、オンとオズの地における活動や、今のゴビと呼ばれる地から来た者たちと協力しながら、知識の集大成を試みた。

つまり、この時代にアクステントナーと呼ばれたこの者は、いまだ発見されていないアトランティスに関する記録をまとめ、スフィンクスと『記録のピラミッド』の間の通路にある部屋で、いつか発見される情報の保管にあたった最初の一人である。

したがって、地球上の多くの地で新しい目覚めが起きつつあるこの時代に、この者がスフィンクスとピラミッド双方の印のもと、この人生を体験しているのは、特に驚くべきことではない。

当時、この者は歴史の記録だけでなく、各集団による活動の育成に深く関わっていた。王との関係、神官との関係、そして当時エジプトに来ていた使節団との関係において、そのような地位にあったからだ。

エドガー・エバンズ・ケイシー
『アトランティス *Edgar Cayce on Atlantis*』（原書より訳者訳）

ギザの大ピラミッド
2013 年撮影 ©Tracey Ash Film and Photo Archives

2012年——旅

ギザは宇宙と地球をひとつに繋ぐ場所——古代世界の中心が聖なる宇宙の中心に抱かれ、人類のハートが聖なる宇宙のハートに抱かれる場所。ギザは地球と人類と宇宙が絶えずひとつに集まっては顕現し、放射され続ける荘厳な遺跡、そしてパワースポットだ。

ギザのピラミッドとスフィンクスは天から吊り下がり、下界の花崗岩に見事に固定されている。それは禁断の宇宙エネルギー発生装置——時を超え、人間の限られた世界観を超えた、人類の無限の知識を記録する宇宙の遺跡。ギザは言葉を超えた聖なる中心地で、変容の鍵を秘めている。

大いなる知識の間に入った私は、時間の内外を見る者のみに許される量子レベルの通過儀礼《イニシエーション》を受けた。すると私の内部に火が灯った。ギザはまさに地球の聖なる中心だ。

私は秘儀の参入者《イニシエート》の道を思いながら、深く抗いがたい衝動を感じた。ギザではあらゆる体験を通して真実が明かされる。真実が何十億もの潜在的奇跡を通して変容を呼び起こす。この真実も私自身の様々な形態にすぎない。

私は迫りくる永遠性と神性の魔法と融合し、いくつもの瞬間を、何時間も目覚め続けた。そして永遠性と神性とひとつになった。この時、『光への回帰ツアー』で私がギザで過ごした時間は8時間以上に及んだ。

次のカフラー王のピラミッドで、神聖なる存在が私の目覚めを促した。暗闇の中、巨大な玄室に安置された棺のビロードのような花崗岩に身を預けながら、私は平和そのものになった。私はひとつになり、時間の中と外を生き、流れ、変容していった。

その後、私は棺の横に腰をかけ、この刹那的世界を眺めながら、聖なる女性性の永遠性を理解した。「彼女」は私に触れ、私を通して世界を見た。この時、私は玄室の中にいる他の6人の姿をはっきりと、深く見通した。「彼女」もまた自分であると知りながら、私はこの神聖なる存在と数々の瞬間を過ごした。

すべての幻想や雑念が溶けていった。聖なる女性性は神聖にして永遠《とわ》の安らぎを秘めている。それは言葉を超えた太古の不滅の知識であり、他のすべては部分的な時間と知識にすぎない。大切なのは私が「彼女」となり、彼女をもう少しだけ知ることだ。

玄室の壁に、大天使ミカエルとガブリエルの姿がみるみるうちに巨大に浮かび上がり、私は部屋全体に満ちた強力なエネルギーの中で変容した。そして一瞬一秒、さらに覚醒しながら、この天上の静けさに浸った。人々がこの輝かしさを垣間みることができれば、世界はどれほど変わるのだろう。

私は古代人がそうしたように、午後の灼熱の太陽の下を素足で歩いた。現代世界の喧噪を避け、商人と活発にやり取りする観光客の群れを避け、他の多くの人生でここを歩いたことを自覚しながら、８時間にわたる神聖な時を生きた。

私は自分の運命を体験した。そして人間の存在意義を思案し、あらゆる時代の世界をポジティブに形成する本物の神性について思案した。

このビジョンはあまりにも強烈で、どんな幻想もその前に溶けて消えるしかない。２０１２年11月の通過儀礼は、私を永遠の時にわたって目覚めさせた。人類が今の眠りから目を醒ますことを私は知った。この世界がめまぐるしく変化しつつあり、大いなる愛と叡智は平和の内にあることを思い出した。

それがギザの奇跡だ。私たちが垣間みることさえできれば、ギザは人間の可能性を鏡のように映し出す。その輝かしさは人類と世界を永遠に変える力を持つ。そして私たちの神性は、壮麗で無限の愛に満ちた知性となって、運命と未来をつくるだろう。

クフ王のピラミッドの王の間と大回廊は飾り気がなく、荘厳で広々としている。大ピラミッドは聖なる結合を祭る神殿。人類と時間を記録してきた花崗岩の壁はまさに宇宙の鏡だ。その壁にミケランジェロの『アダムの創造』が現れた時、私の心にキリストのビジョンが浮かんだ。静寂がさらに強まり、平和の炎がいっそう明るく燃えた。それは深い永遠の平和。限界もなければ、終わりも始まりもない。

私は時を超えた世界を体験した。呼吸だけが今いる瞬間へと連れ戻してくれる。このはかり知れない遺跡に永遠に身をゆだねることもできる。

ギザは類いまれなパワースポットであり、キリストのひな型《テンプレート》への門。それは体験することしかできない神聖な宇宙の知識だ。ギザは数々の通過儀礼によって明かされる永遠の知識であり、世界変容の鍵を秘めている。

ピラミッドの科学

古代エジプトの大ピラミッドは、人間とこの現世を神や宇宙の力に繋げ、そのパワーを増幅するように造られています。これはファラオの道であり、参入者の道です。

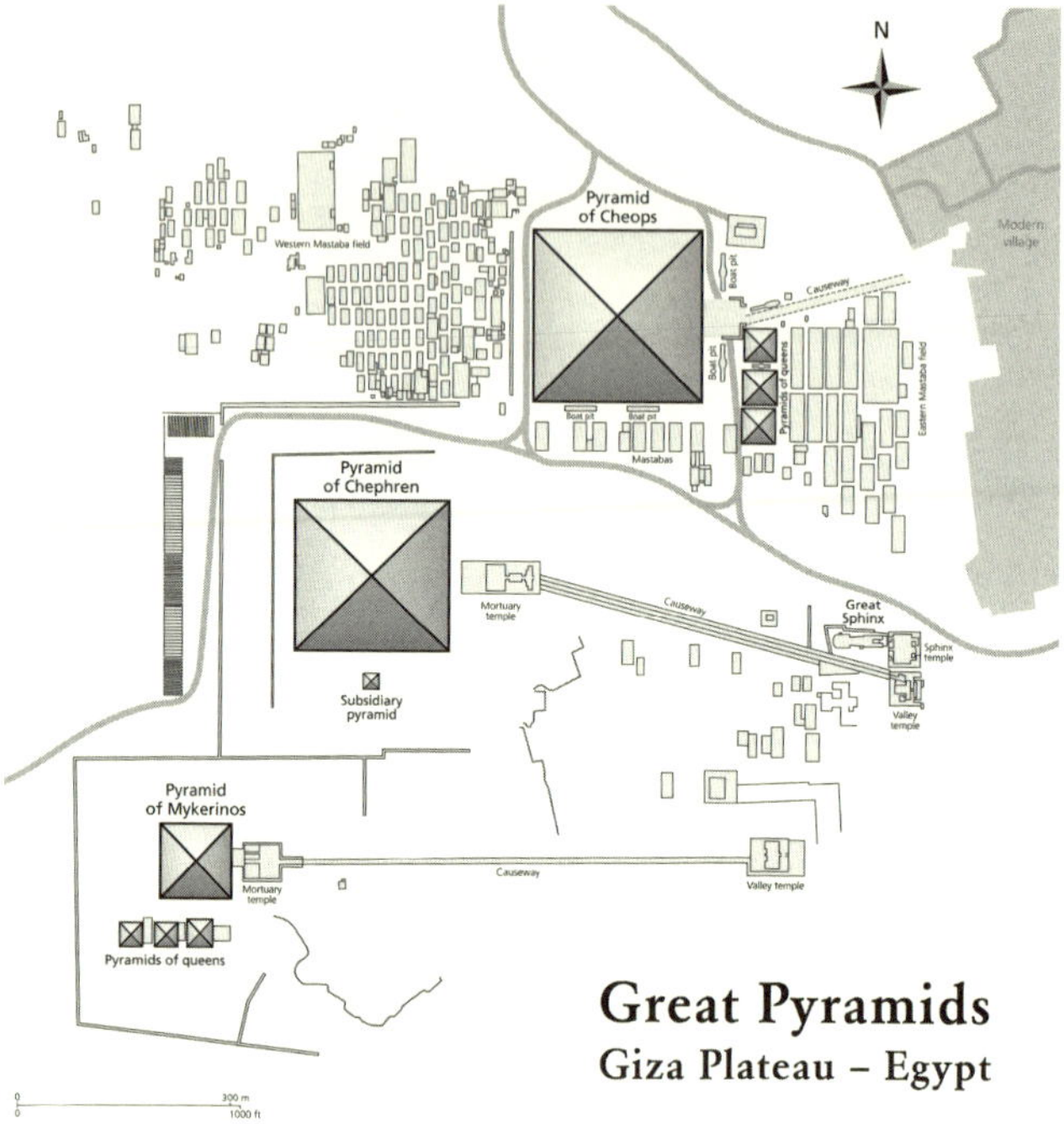

大ピラミッド ギザの墳墓群《ネクロポリス》
©Peter Hermes Furian / PIXTA

ギザは今なお、人類の限りない叡智の種を宿す世界の中心地であり続けます。

ギザの大ピラミッド群は、地球と人類の輝かしい変容のストーリーの聖なる建造物であり、テクノロジーです。なぜそう言えるのでしょうか?

クフ王のピラミッドだけでも、目を見張らんばかりに荘厳です。イギリスの考古学者・測量技師のウィリアム・マシュー・フリンダーズ・ピートリ卿によれば、クフ王のピラミッドは高さ481・9349フィート（約147メートル）、底面積13・1エーカー（約1万6107坪）、総重量6千万トンに及びます。

それは230万個の石のブロックを積み上げて造られ、さらにピラミッドの表面は、かつて11万5000個の白く輝く化粧石で隙間なく覆われていました。

この白く輝く化粧石はアラバスター（カルサイト）でできていて、もとは液状だったものが固形化したものです。

古代エジプトでは、この石は「ANKH UAS（生命の樹液）」と呼ばれていました。ANKHは「生命」を意味します。

アラバスターには純白と透明なものがあり、古代の儀式に関連する洞穴の石筍や、石灰質性湧水の沈殿岩として見つかります。古代エジプトの最も有名なアラバスター採掘場は、テル・エル・アマルナの20キロ南東にあるハトヌブです。

この話はヘルメス主義の思想と関係しています。黄金の家（または黄金の間）を意味する「ハトヌブ」は墓の埋葬室であり、ネテルの彫像の工房であり、セラペウム（訳注　プトレマイオス朝エジプトの国家神セラピムを祭った神殿）でオシリスの彫像が置かれた場所です。

オシリスは永遠性を包含し、永遠性を知るためには錬金術《アルケミー》が必要です。

錬金術は波動を変容させ、時間とビジョンと現実を解き放ちます。現代人から見ても、ギザの遺跡は古代の驚異的先進技術を物語っています。

ギザ台地マッピングプロジェクトのマーク・レーナー所長によれば、大ピラミッドの高さは

146・59メートルに達しますが、この1460または1461という数字は、ソティス暦（シリウス暦）と関係しています。

大ピラミッドの傾斜角度（51度50度40度）から得られる25・92222222という数字は、2万5920年のプラトン大年と関係しています。

地球が次の2万5920年期に入ろうとしている今、人間の新しいひな型が私たちの再生と復活を呼び覚ましています。それが古代人によってギザの遺跡に暗号化された情報です。

人類が次なる進化の段階に入れば、エリートによる支配構造は白日のもとにさらされるでしょう。人間の進化の失われた鍵を握る古代エジプトは、世界の次なる段階を理解するにあたって極めて重要です。

大ピラミッドの北面はほぼ真北に、東面はほぼ真東に向いています。西面と南面は正確に真西と真南に向き、各底辺の長さは北面が755フィート8・9818インチ、西面が755フィート9・1511インチ、東面が744フィート10・4937インチ、南面が756フィート0・9739インチです（注　底辺の長さは平均で230メートル36センチメートル。4辺の差異は21センチメートル以下とされている）。

古代人は東西南北の方位を正確に取り入れ、時間旅行や幻視などのシャーマン的プロセスに使ったのです。しかもそれだけではありません。

大ピラミッドの寸法には地球の大きさ、一年の長さ、地球から太陽までの距離、星との関連性、2万5920年の地球の歳差運動の周期が含まれています。

世界規模の変化が起きている今にとって、次の情報は驚くべきものです！

●地球の歳差運動の周期は2万5920年
●2160年ごとに新しい星座が春分の日の東の地平線に現れる
●2万5920年をひとつの周期（360度）とすると、2160年（30度）ごとに新しい星座の時代が訪れる
紀元前1万8800年~8640年は「獅子座」の時代、紀元前8640~6480年は「蟹座」の時代、紀元前6480~4320年は「双子座」の時代、紀元前4320~2160年は「牡牛座」の時代、紀元前2160~西暦0年は「牡羊座」の時代、西暦0年~2160年は「魚座」の時代、西暦2160年~4320年は「水瓶座」の時代を表す
●12、30、72、360、2160、4320、2万5920はすべて地球の歳差運動に関係する数字
●25・92×25・92=51・84。ここで51・84は大ピラミッドの頂点の傾斜角度51度50度40度を表す

ロシア国立科学アカデミー（ロシア医療科学アカデミー、理論実験生物物理学協会、黒鉛科学研究協会、ウクライナ物理学協会を含む）は、ピラミッドの構造について次のような非常に興味深い発見をしています。

●ピラミッドに生命体を入れたところ、免疫力の向上、白血球の増加、組織再生力の増進が見られた
●農業用の種をピラミッドに1~5日入れたところ、収穫量が30~100%アップした
●ロシア軍のレーダーは、セルゲリ湖にある高さ22メートルのピラミッドからエネルギーの柱

が上がるのを確認した。エネルギーの柱は数マイル上空に達し、ピラミッド建造から数カ月後に、ロシアのオゾン層に回復が見られた

●ピラミッド群の近辺で地震活動の減少が見られた。強力な地震が一度起きる代わりに、何百もの微震に分散された。激しい気象現象の減少も見られた

●ロシア南部のバシキールの油田にピラミッド群を建造したところ、原油の産出量が増え、原油の毒性が30％弱まった。これらの研究結果はモスクワのグープキン石油ガス大学によって裏付けられている

●ピラミッドに入れた液剤を新生児に与えると、健康の増進が見られた

●ロシア国内の約５０００人の囚人を対象に、ピラミッドに入れておいた塩コショウを使った食事を与えたところ、数カ月後にほとんどの犯罪がなくなり、囚人の態度も改善された

●ピラミッドに医薬品を入れると、その効果が増し、副作用が減少した

●ウィルスやバクテリアに冒された組織をピラミッドに入れると、組織の生存率が上がった。ピラミッドにはウィルスやバクテリアの力を弱める効果がある

●ピラミッドに放射性廃棄物を入れると、放射能の減少が見られた

●炭素材や半導体をピラミッド内部に入れたところ、その性質や超伝導温度閾値《いきち》に変化が見られた

●ピラミッド内部では零下40度でも水が凍らず、ピラミッドに入れたあとの水は何年経っても水質が変わらなかった

●ピラミッドに人工ダイヤを入れると純度と硬度が上がる。現代テクノロジーすらも上回るギ

ザの超精密な機械加工技術は、これに起因するのかもしれない

3万6632年にわたる先王朝時代

エジプトの先王朝時代の歴史を見ると、第1王朝の王メネスまたはアハ（紀元前3218〜3035年）の統治以前に、3万6632年に及ぶ、忘れられた（または故意に除外された）時代があることが示唆されます。

●ピラミッドもまた、第1王朝以前の失われた知識によって造られたものでしょうか？
●最初の王の名「アハ AKHA」は、王家の血筋に伝わる古来の人間の宇宙的なひな型アクーAKHUを明らかに示す、意図的な手がかりといえます。なお、アハは「ホル・アハ」として記録されていますが、これはホル（ホルス）やキリストとの関係性を示唆しています

AKHU《アクー》については、人類の新たなひな型に繋がる無数の要素と合わせてこれから探っていきましょう。では、古代の忘れられた物語はどこにあるのでしょうか？

R・A・シュヴァレ・ド・リュビッツは著書『聖なる科学：ファラオたちの神権政治 *Sacred Science, the King of Pharaonic Theocracy*』（邦訳未刊）の中で、トリノ・パピルスに言及し、そこにエジプトの第1王朝（メネス）から新王国に至る歴代のファラオの名前が列挙してあると述べています。

しかし、トリノ・パピルスの最初の部分には、メネス王よりさらに古代の治世も記されています。現存するトリノ・パピルスの破片は、失われた膨大な歴史の存在を指し示しています。

尊いシェムス・ホル（ホルスに従う者たち）の統治：1万3420年
シェムス・ホル以前の統治：2万1200年
メネス王（アハ）に至るまでの期間：計3万6632年

●トリノ・パピルスの第1欄には、10人のネテルの名前が記載されています。ここで各ネテルの名は、王の系譜を表す王族のカルトゥーシュに記されていますが、これも重要な手がかりといえます。

これにはゼプテビ（最初の時）の九柱神であるプタハ、ラー、シュウ、ゲブ、オシリス、セト、トート、マアト、ホルスの名が含まれます。ヘリオポリス九柱神の創世神話は、後章で述べる「輝ける者たち」とも関連しています

●トリノ・パピルスの第2欄には、第1王朝のメネス王（アハ）以前の王名が列挙されています

●トリノ・パピルスの残りの破片には9つの王朝とシェムス・ホル（ホルスに従う者たち）が記載されています。シェムス・ホルはファラオの直系を指します。古来のホルスは人間の宇宙的ひな型「AKHU《アクー》」や、最初のファラオであるメネス、アハ（ホル・アハ）やその後の王朝に繋がります。これは極めて重要な情報といえます

古代ギリシャの歴史家シケリアのディオドロスが、紀元前60〜30年に手がけた『歴史叢書』には、1万8000年の神々と英雄の歴史と1万5000年の王の歴史から成る、計3万3000年の古代エジプト史が記されています。

紀元前3世紀の歴史家マネトーは、エジプトの歴史を1万5150年の神々の王朝9777年の王朝の計2万4927年に及ぶものと推定しています。

ビザンティンの歴史学者であり修道士のゲオロギオス・シンケロスは、古代エジプトの30の王朝以前に25の神々の王朝が存在し、神々の各王朝はソティス周期と関連する1461年ずつ続いたと結論づけています。

すると、神々の王朝は3万6525年という膨大な年月にわたることになりますが、正統派の年代学者の間ではこれは単なる神話として軽視されています。

従来のエジプト学は、紀元前5世紀のヘロドトスの記述をもとに、ギザのピラミッドが第4王朝のクフ王、カフラー王、メンカウラー王によって建造されたとしています。ヘロドトスの記述は何の疑問もなく受け入れられたのです。

第2章
組み込まれたソースコード

ピラミッドの構造を見ると、男性性《アニムス》と女性性《アニマ》が正と負の対極を含むスペクトルを形成し、ピラミッドを上昇しながらゼロポイントに向かっていきます。

ゼロポイントとは、ピラミッド（または三角形）の頂点のことです。2つの極はピラミッドの頂点というゲートに達して初めて中和し合い、ソースコード（またはゼロポイント・フィールド）と融合します。

錬金術《アルケミー》の大いなる業《わざ》（マグヌム・オプス）において、男性性と女性性が融合し、揺るぎない完璧な円をつくることを「合一《コンジャンクション》」と呼びます。これは賢者の石を生み出す錬金術的行程を示す、まさに大いなる業です。

●錬金術で使われる神秘的用語の中でも、「賢者の石」は完全性と最高次の悟りを表す中心的シンボルであり、若返りと永遠の命を授ける霊薬《エリキシール》とされてきました

●ここで「円」は太陽神ラーを表す太古のシンボルです。古代エジプトでは、ラーは最高神と

され、神と錬金術を繋ぐ、永遠の若さの秘薬を作る存在として知られています。蛇を鎖に繋いだラーは、蛇に象徴される原始の宇宙エネルギーを自由に操る存在を表します。すなわちそれが、紀元前８０００年以前にレバノン南部のエデンの園にいた「輝ける者たち」です

王家の谷にあるツタンカーメンの墓（ＫＶ62）を訪れた私は、隠された部屋の壁に描かれた簡単な絵を見つけました。ピラミッドの上に輝くラーの太陽円盤です。

紀元前１３３２〜１３２３年頃に在位したとされるツタンカーメン（元名 ツタンカーテン）は、イクナートンと直系の繋がりを持ちます。

大ピラミッドの王の間にある棺の中で瞑想した時も、私はこの絵と同じピラミッドと太陽円盤のビジョンを見ました。人間の宇宙的なひな型《テンプレート》は、人類の歴史とＤＮＡに記憶として刻み込まれているのです。花崗岩で造られたこの棺は、当初は大ピラミッドの頂点の真下にあったのが、現在の場所に移動されました。

ピラミッドの頂点はソースコードの入口です。このことも大ピラミッドが使われた目的を解明する手がかりです。

AKHU《アクー》は人間の宇宙的なひな型であり、人類の新たなひな型です。このひな型は地球の重力によってギザの聖なる建造物に固定化されています。

人間のエネルギー場の基盤となるチャクラを強力に活性化させると、AKHU《アクー》とソースコードへの

入口が開きます。大ピラミッドの形に従うことで、人間のエネルギーシステムも解き放たれるということです。

これは未来にポジティブな影響を与え、ポジティブな具現化を起こすための類いまれなマスターキーです。

伝統的な錬金術では赤、白、黒の3色が主に使われます。同様にギザの建造物にも赤い花崗岩、白い石灰岩、黒い花崗岩が使われ、錬金術を通じて自らの神性に至るという理に叶った思想を表しています。

これは意図的な手がかりであり、意識をマスターするための設計図です。

赤（正）と白（負）は「ナディ」と呼ばれる、ヒンズーのチャクラ体系のエーテル的神経路に対応します。赤いピンガラ・ナディは正を表し、男性的です。白いイダ・ナディは負を表し、女性的です。

2本のナディまたはエネルギー経路は「スシュムナ」と呼ばれるゼロポイントで交差し合います。ピンガラ・ナディとイダ・ナディが背骨で交差する部分、それが「チャクラ」と呼ばれる7つのエネルギーセンターです。この2本のナディは、「カドゥケウス」と呼ばれる2匹の蛇が交差し合う古代の究極の癒しのシンボルにたとえられます。

クンダリーニはサンスクリット語で「環状」を意味します。これは内なる知恵と責任の融合を象徴しています。

癒しに携わる者の永遠の紋章として、今も世界中で使われるこの古来の偉大なシンボルには、より神秘的な意味合いがあると思われる。古代エジプトではトートの杖と呼ばれ、2匹の蛇が絡み合い、先端に太陽を飾った魔術的な杖として敬われたそれは、錬金術の強力なシンボルとして現代に伝えられた。

トートはやがてヘルメスとなり、ローマ時代にはマーキュリーと呼ばれた。地球の表面をまたたく間に流れる地電流は水銀《マーキュリー》のように流動的であるがゆえに、次の結論は不可避だ――つまり、蛇の杖の力は、エネルギー同士が均衡し合いながら働くその象徴性にあるということだ。それは宇宙の根源エネルギー同士の交流を表している。

古今東西の神秘主義において、カドゥケウスは人体の精妙なエネルギーの仕組みを表すものとされた。東洋の伝統ではスシュムナまたは中央の柱と呼ばれ、肉体でいうと背骨や中央神経系の包まれた管にあたる。この周りに2匹の蛇の象徴するイダとピンガラ（前者は月、後者は太陽が司る）の対のエネルギーが螺旋を描いている。

これらの強力なエネルギーは、クンダリーニを上昇させる霊的覚醒法によって呼び覚ますことができる。クンダリーニは背骨の基底部に始まり、各チャクラまたは微細なエネルギーセンターを通して上昇していく「蛇のエネルギー」を指す。

もし、古代の叡智と現代のガイア理論の双方が示すように、地球が巨大なひとつの存在だとすれば、「上にあるごとく、かく下にもあり」というヘルメスの原理は、生命体としての地球にも当てはまるはずだ。

ポール・ブロドハースト／ハミッシュ・ミラー
『太陽と蛇　*PAUL BROADHURST AND HAMISH MILLER The Sun and The Serpent*』（邦訳未刊）

これはまさに、古代エジプトの宇宙的建造物やグリッド状の建造物で起きるイニシエーション的体験を表しています！　インドのヨガ行者ゴーピ・クリシュナによれば、クンダリーニは人間に備わった重要な進化のエネルギーです。

ヨガ（「統合」を意味する）やタントラなどの修練法は、クンダリーニ覚醒とゼロポイント・フィールドを通して意識の無限の進化を可能にします。これは、「ダイアモンドボディ」または「レインボーボディ」とも呼ばれますが、無論、人間の宇宙的なひな型「AKHU《アクー》」を指します。それは神秘家たちのみが知る隠された領域です。

ゼロポイント――ソースコード

各チャクラまたはエネルギーセンターは、7つの意識レベルと、人体の7つの主なポータルに定着した最初の7つの現実レベルに呼応しています。7つの意識レベルをマスターすれば、最初の7つの現実レベルを使いこなせるようになります。

7つの意識レベルをマスターするには、心身と密接な繋がりを持つ各チャクラとナディをゼロポイントの状態に導く厳密なプロセスが必要です。これによって深遠な気づきと変容が起きます。正確にマスターするには、まず土台から始めます。すると次のレベルへの封印が解け、2番目のレベルに移り、同様に続けます。

私は、ギザの遺跡は超意識に至るプロセスのために造られたと考えています。大ピラミッド群は、「輝ける者たち」の直系たるエジプトの先王朝時代の統治者たちの指揮のもと建造されたのではないでしょうか。中でも、オシリスが主な建造者だったはずです。

ギザのピラミッドの先駆けとなる建造物に、古代メソポタミアのボルシッパにあったナブー神のジッグラト（聖塔）が挙げられます。「天と地の七つの礎の家」として知られたこの塔は、地球と宇宙との繋がりを表しています。

建築史家ジェイムス・ファーガソンは、著書『世界建築史 *A History of Architecture in All Countries*』（邦訳未刊）で次のように述べています。

神殿の隅で発見された円筒を解析したところ、この神殿は7つの惑星または天球を祭ったものであり、各惑星を象徴する色が塗られているのがわかった。おびただしい数のパネルが施された1階は土星の色を表す黒、次の階層は木星の色であるオレンジ、3階は火星を表す赤、4階は太陽を表す黄色、5階と6階はそれぞれ緑と青で金星と水星が祭られ、最上階はおそらく月を表す白が塗られていたと思われる。カルデア（新バビロニア）では月が最高位の惑星とされていたからだ。

バビロニアとの関連性を指摘したのはベロッソス（紀元前およそ3世紀）だ。ベロッソスによれば、洪水前のバビロニアは43万2000年（120シャール。シャールとは古代バビロニア語で惑星を表し、1シャールは3600年に相当）にわたって神秘的な王たちにより治められてきた。ベロッソスは天地創造から地球規模の天変地異が起きるまでの216万年について詳述している。

バビロニアの歴代の王は在位期間が途方もなく長いことで有名だ。アルリムは2万8000年、アラルガルは3万6000年、エンメルアンナは4万3200年、エンメンガルアンナは2万8800年、ドゥムジは3万6000年、エンシプジアンナは2万1600年、そしてウバルトゥトゥは1万8000年にわたって統治した。ここでオシリスとドゥムジの関連性に注目してほしい。

大ピラミッドの謎を解く上での障害は、今の人間が多次元的で多重に連結し合った現実を理解する域に達していないことです。概念的には理解できても、それを体感し、その中で機能することができないのです。これは実体験を怠り、本で読んだことを鵜呑みにした結果としてよく陥る幻想です。

こうした理解の域に達するには熟練を要しますが、私たちの現実が操作されてきたのは、この決定的な知識の欠如ゆえです。

7つの意識レベルをマスターすると7つの現実レベルを使いこなし、ソースコードに入ることができます。そしてさらに次の7つの意識と現実レベルへの扉が開きます。

ゼロポイントは解決と統合の現実として言い表すことができます。それは完全なる変容、または中和を意味します。瞑想や深い内省、超越体験を通してゼロポイントに入ると、意識や人生の周期について深い洞察を得ます。

この極めて重要な気づきは、変容と具現化を加速させます。スピリチュアルな手法などで約束されていることと裏腹に、ゼロポイントを日常生活で維持するのは極めて困難ですが、具現化にはどうしても不可欠です。

ポジティブな体験はあなたを上昇させ、ネガティブな体験はあなたを下降させます。生と死、昼と夜、停滞と突破など、ゼロポイントはあらゆる周期と切り離せません。

春分と秋分は2つの周期のちょうどゼロポイントとなる日ですが、古来より、地球と宇宙との間にポータルまたはゲートが開き、神の光が差し込む日とされてきました。

ゼロポイントに入って初めて、今の現実と未来に影響を与えることができます。これがソースコードへのゲートであり、素晴らしい具現化へのゲートです。

春分の日の正午、ギザの大ピラミッドは構造上、周囲に全く影を落としません。2011年にラムセス3世の葬祭殿で、ソースコードが動画に収められたのも春分の日でした。

オシリスの祭日は春分にあたることから、大ピラミッドとオシリス、キリストの結び付きがうかがえます。この春分の時期はケルトのグリーンマン、ローマのアッティス、バビロニアのタンムズ、シュメールのドゥムジとも関係します。

キリスト意識を大ピラミッドと関連づけると非常にワクワクします。それは私たち自身の復活のストーリーなのです。

ギザのピラミッド群　コンシャス・リトリートにて
©Tracey Ash Film and Photo Archives

ピラミッドを表す古代エジプト語は「PER NETER（ネテルの家）」です。歴史を通じて、ネテルは誤って（または故意に）「神々」と訳されてきました。ネテルが**ソースコードのひな型のひとつ**だとすれば、それは失われた大切な意識のひな型ではないでしょうか？

そして手順さえわかれば、ソースコードのひな型をもう一度意識に組み込めるとしたらどうでしょう?

それがギザのピラミッドの役目であると私は考えます。そして、超人的な意識のテクノロジーの秘密を簡単に理解し、使うことは可能だと考えます。

ゼロポイントを男女の性的結合または受胎として捉えることもできます。男性と女性が結ばれると、子供という第3の力、すなわちゼロポイントが誕生します。

ここで受精卵または子供は、創造の聖なる光を表します。誰もが生まれながらに神聖な存在なのです。それが人類を結びつける共通項ですが、波動の低い制約的ストーリーに絶えずさらされた結果、やがてソースコードという内なるエネルギー源が枯渇してしまうのです。

こういった低波動のストーリーは、何度も繰り返す有害なパターンや幻想として現れます。そして多くの場合、私たちはストーリーを変えられることにも気づかず、無意識にそれを受け入れます。苦痛というテーマを正当化するために、低波動のストーリーを意識的に受け入れる場合も多々あります。

ギザのピラミッド群は、人類と地球の輝かしいストーリーとひな型を復活させるための、聖なる建造物とテクノロジーなのです。

シリウス

来たるべき時代は、本気で自己責任を持って、この世界の無数のストーリーの中で輝かしい現実をつくり出していく時代です。

人類が新しい世界に向かって飛躍しようとしている今、もはや非難や操作、コントロールに費やしている時間はありません。

今、2万5920年に一度の奇跡的変容への転換点が来ています。内なる英雄を呼び覚まし、目覚めと責任のスイッチを入れましょう。それが古代人の残した手がかりであり、エリートたちによる支配構造が隠そうとしていることです。これから目覚めは本格的に加速していくでしょう！

キリストの物語に裏付けられるように、一人ひとりの中に宇宙的人間の種となるひな型が存在します。古代エジプト人はシリウスをイシス、ハトホル、オシリス、ホルスと関連づけていました。

すでに述べたように大ピラミッドの高さは146・58メートルですが、この1460または1461という数字はソティス暦（シリウス暦）と関係しています。

シリウスと繋がりを持つイシスは、次のように力強い存在として描写されています。

私は在りしもの、今在るもの、そしてこれから在るもののすべてなり

古代エジプトの町サイスにあったイシス神殿の銘文より

シリウスが来たるべき人間のひな型の鍵を握るなら、ギザの大ピラミッドも私たちの起源が宇宙にあることを物語っているのかもしれません。イシス、ハトホル、オシリス、ホルスの四神とシリウスの関連性は古代エジプトの神話に幾度となく登場します。

●シリウスAはシリウスBの1000倍の明るさを持つ
●シリウスAの光度は太陽の35・5倍

平和と進化と世界的変容をパワーアップさせる高波動の人類のひな型という視点から見ると、この情報は何を意味するのでしょうか？

インドでは、「輝ける者たち」は「ナーガ」と呼ばれています。中米では「輝ける者たち」は羽毛のある蛇、中国では水に棲む存在として知られています。

ギザの大ピラミッドは、一人ひとりの中でキリスト意識が目覚めるための「原初のキリスト誕生の地」なのでしょうか？

ギザには、人類の宇宙的ひな型が、世界中の他のどの聖地や信仰の場よりも強力に、はっきりと目に見えるかたちで固定化されています。

目覚めと変容を選ぶと、あなたの中でひとつのスピリチュアルな行程が始まり、加速していきます。世界中で祭られる神々はこの人類共通のスピリチュアルな行程の象徴といえます。

地球全体を網羅するピラミッドのネットワークもさらなる研究に値します。ピラミッドにはこの時代に必要な手がかりやヒーリング、解決法が意図的に埋め込まれているからです。

ギザにおいて、ソースコードは人間として最高レベルの進化に達するために使われ、その結果、人類の宇宙的ひな型を持った人間が誕生しました。これはツタンカーメンに至るまでの古代エジプトの王朝の進化に見られます。ツタンカーメンはイクナートン、ネフェルティティと共に、人間の宇宙的ひな型を宿していたのです。

古代人は宇宙の周期を正確に把握することで、人類の未来の周期を予測することもできました。この情報は大ピラミッド群の設計に暗号化されていると私は考えます。

クフ王、カフラー王、メンカウラー王の3つのピラミッドが同時に一般公開されることはありません。大ピラミッド群は、この世界的変化の時代に必要とされている新しい人間のひな型を伝えています。

オシリス、イシス、ホルスのひな型は、それぞれクフ王、カフラー王、メンカウラー王のピラミッドに対応します。各ピラミッドは進化の装置として作用します。重要な星の配置も世界平和と癒しを促す強力なアンカーとなります。

平和は、個人レベル、世界レベルの困難な出来事に対応する最善の方法です。私たちは皆、共に平和に向かって歩んでいるのです。

第3章
2012年3月
カイロ博物館とアブグラブの古代の記憶

私はカイロにあるエジプト考古学博物館の中を歩いていた。巨大なイクナートン像をはじめ、紀元前およそ1353〜1356年までのアマルナ時代の数々の遺物が収められた展示室だ。何世代にもわたって人々を魅了してきたこれらの遺物の中で、私は立ち止まり、呼吸し、すべてを取り込みながら、この巨像が1925年に発見されて間もないことを思い出した。1902年に建てられたカイロ博物館には、人類が今後目にするであろう、ファラオ時代の最高の考古学的遺物が収められている。

107の展示室に16万点の遺物。これらが埃かぶったエジプト学のかおる新古典主義の建築の中で、古代エジプト史を一気に駆け抜ける体験をさせてくれる。まさに、様式、スケール共に古き良きイギリス植民地時代の傑作であり、世界有数の考古学博物館だ。

展示室をひとり静かに歩いていると、突然、衝撃波にも似たエネルギーが全身を貫いた。振り返ると、石灰岩で巧みに彫られた二体像《ダイアド》に目を奪われた。メリラー（またはメリネイト、メリアテン）とその妻アヌイ（またはアナイ、イニュイア）が仲睦まじく座っている像だ。

色彩やヒエログリフに全く損傷のない、高さ80センチの座像には、次のような銘文が添えられていた。

アケトアテンとメンフィスのアテン神殿の書記官、正しき者メリラー

私は足早に近づき、透明に輝く石灰岩の見事な男女の座像にみとれた。途端に、私の中で何かが繋がった。

目の前のメリラー像は、私が90年代半ばに過去世退行した時に描いたスケッチに瓜二つだったのだ。イクナートン、テル・エル・アマルナ、アブグラブ、ギザ――すべてが驚くべきシンクロニシティだった。

90年代半ば、私は古代エジプトのアブグラブの過去世へと時間旅行《タイムトラベル》したことがあった。この時、私は光の道の参入者《イニシエート》としての自分を再体験した（当時の過去世療法士は、私が苦痛に満ちた大げさなストーリーを体験するのを一切拒否したため、たいそう困惑した。その後のセッションは彼女の期待したストーリーや従来の枠組みを超え、失われた古代の知識に入っていった）。

古いアプローチと新しいアプローチが出会ったあと、私は宇宙的ヒーリングとスーパーテクノロジーの古代世界に突入した。すぐさま、男性の姿をした自分がはっきりと見えた。素足で、背の高いやせ型、輝くようなごく薄いグレーの瞳と、腰まで伸びた豊かな巻き毛に、簡素な白い衣。平らな屋根の連結し合う不思議なピラミッド複合体があり、私はそのすべてに静かに精通しながら、光の道の参入者として生きていた。

私は自分の運命を思い出した。私の運命は、宇宙的テクノロジーを使って高波動を地球の重力場に蓄えることであり、私のもとにやって来た人々に超変容のプロセスを行うことだった。

床には白いお椀型のカルサイトが幾何学模様を描くように埋め込まれ、それがひとつの巨大な鋳型を形成していた。それぞれのカルサイト容器は液状の光で満たされていた。ピラミッドに開けられた細長い開口部は、星や宇宙の太古の光を重力の力で遺跡の各所に定着させるように設計されていた。こうして正確に形成された波動が、カルサイトの容器に球状に収められていた。

私はまだエジプトを訪れていなかった。当時の私は20代で、今のキャリアはまだ開けていなかった。瞑想に夢中ではあったが、この体験はＳＦさながらに奇想天外だった！
やがて私は運命や現実、意識について、今後知り得るすべてを、このもうひとりの「自分」に教わることになるが、当時はそれを知るよしもなかった。

古代への時間旅行体験は、今の仕事や私の直近の未来に影響を及ぼすようになった。それは重要なストーリーの封印を解き、意識をリセットし、波動を変えてよりポジティブで大きな善のストーリー、すなわち光の道に同調させるという、私が世界中で行っているワークだ。

この体験のおかげで、意識を高波動にリセットし、人生の目的と運命をアップグレードさせる正確なテクノロジーが明らかになった。

２０１２年のカイロ博物館で、私は古代エジプト人メリラーに戻った。この時、出会った二体像は、90年代半ばに過去世回帰した時の自作のスケッチに酷似していた。背の高いやせ形、長く豊かな巻き毛、簡素な白い衣に素足と、細部に至るまでそのままだった。

この時私は、運命と高波動の意識を再起動するための宇宙的鋳型とピラミッドも描いていた。この鋳型は、先進的技術で加工された白いカルサイト容器に地球の波動と宇宙エネルギーを集めるためのもので、膨大なエネルギー源を必要とした。

メリラーの仕えたアテン神殿はまだ発見されていません。話をさらに進めましょう。

メリラーと妻アヌイの二体像は、オランダのライデン考古学博物館とライデン大学による合同調査によって、2001年にサッカラのメリラーの墓で発掘されました。

碑文によれば、メリラーは「アテンの最も偉大な予見者（大司祭）」であり「ネイト神殿の大司祭」でした。

「アテン神の執事」としても知られるメリラーは、イクナートンに仕え、その後はツタンカーメンのもと、メンフィスのアテン神殿の大司祭として生涯を終えました。

イクナートンの治世前後のメンフィスで、アテン神は主要な役割を果たしました。彼はアマルナのみならず、メンフィスやテーベでもアテン信仰を推進したのです。

イクナートンは人間の宇宙的ひな型や、メンフィスでの通過儀礼《イニシエーション》にも関係していますが、この魅惑的な情報はともすれば省略され、イクナートンの物語を歪める要因となっています。

2001年にサッカラで発掘された
メリラーと妻アヌイの二体像。
カイロ博物館所蔵
©Tracey Ash Film and Photo Archives

この情報を再考すれば、こういった遺跡や歴史的人物が、人間性と神性の驚異的ビジョンを表すものとして重要な役割を果たすことがわかるでしょう。しかし、これに関する研究はほとんど行われていません。だからこそ、私は人類の歴史の真実を発見すべく、これらの遺跡を調べることに時間を注いでいるのです。

2013年3月へと時間を進めよう。私は『光への回帰ツアー』の一環として、アブグラブを訪れていた。この古代遺跡へ行くには、舗装されていないデコボコの道を通り、美しいマンゴー園を抜けた後、サハラ砂漠に出る。サハラの強風のせいで視界は悪く、歩くのも困難だ。

アブグラブには公認の切符売場がないため、遺跡を見るためには、土地の番人を自称する人間にお金を渡し、砂漠の中を道案内してもらうしかない。

ある程度歩くと、私たちは静まり返った廃墟のような風景に遭遇した。砂漠の真ん中にピラミッドのある神殿群がぽつんと建っている。かつて隆盛を極めたピラミッドはひどく荒廃し、ピラミッドの正面には見事なカルサイト製の祭壇があった。私は少し立ち止まり、目の前に広がる光景を全身に吸い込んだ。切符売場がないということは、並ぶ必要も閉館時間もないため、時間はたっぷりある。

私は4つの方位を正確に示すホテプ（祭壇）の上で瞑想を始めた。言葉を交わす必要はなく、他のメンバーもこの神聖な静寂の中で、各々が瞑想を始めた。

ここはアブシールのピラミッド複合体の徒歩圏内にあり、サッカラやギザの遺跡が見えることもよくある。

祭壇のそばには、私が90年代半ばに描いたスケッチと同じ、白いカルサイトの大きなボウルが並んでいた。私は参加者の一人ひとりをボウルに入らせ、ワークをする準備をした。

2013年のアブグラブは何かが違っていた。遺跡の設計を本能的に知っていた私は、神殿の床に今も埋め込まれているカルサイトのボウルを発見した。他のボウルは神殿の外に移され、東側に並べられた9つのボウルは完全なままだった。

私は一行に、セレスティアル・ヒーリングの準備をするように伝えた。ボウルの中に立つか座ってもらった後、私は各人の運命や癒すべき問題を査定し、診断した。ここでは全員の錬金術的な共鳴が大切だ。個々人の変容が始まると、まずは波動がリセットされ、それから新しい変容のゲートが開いていく。

それは運命との重要な約束《アポイントメント》だった。私は故郷に帰った気持ちになり、感動のあまり涙した。

アブグラブ（従来のエジプト学では古王国時代の紀元前２４６２〜２３２３年に建造）はサッカラ台地に建つピラミッドと太陽神殿から成る第５王朝の遺跡で、アブシールと密接な関係にあります。

アブグラブは１８９２〜１９０１年にかけてボーチャード、シェーファー、フォン・ビッシングらドイツ隊によって発掘され、その後、１９５０年代にＨ・リッケ指揮するスイス研究所が調査を手がけました。

アブグラブは世界最古の祭儀場のひとつともいわれ、紀元前５０００年以前に遡《さかのぼ》るエジプト土着の占術に基づいています。

この地にネテルたちは肉体を持って現れました。神殿群のレリーフの断片には、太陽神ラーによる世界創世の場面が描かれています。アブグラブの遺跡にはニウセルラー王の太陽神殿があります。

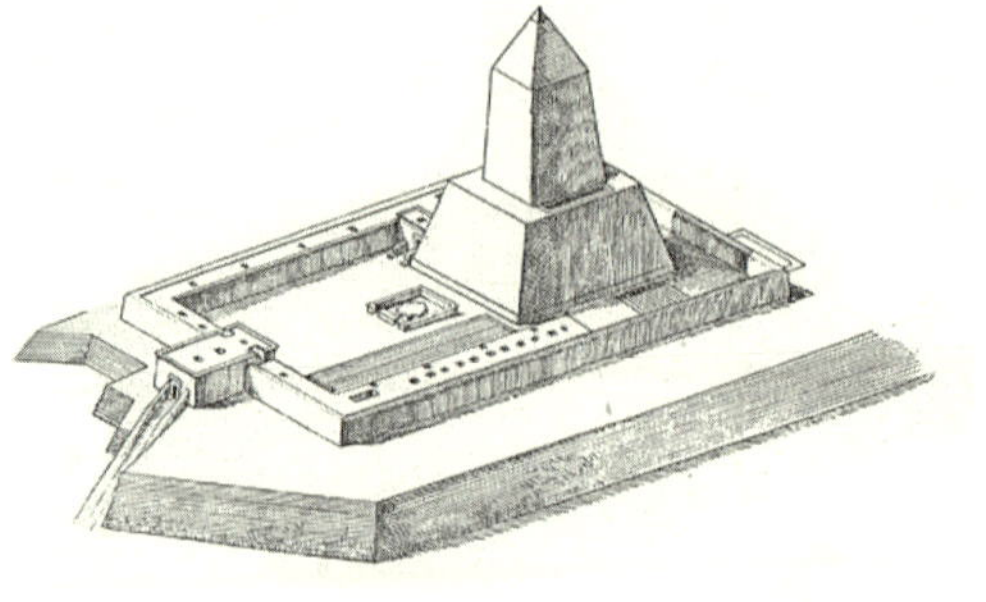

ニウセルラー王の太陽神殿（復元イメージ）
イラスト：Ludwig Borchardt、wikipedia より

第５王朝のニウセルラー王は、アブシールのピラミッドだけでなく、アブグラブにも「ネケン・レー」（ラーの拠点）と呼ばれる、典型的なピラミッド複合体と特徴を同じくした太陽神殿を建てました。

この太陽神殿には回廊で繋がれた河岸神殿があり、開けた中庭に建てられたピラミッドの基部にはオベリスク（石柱）が鎮座していました。オベリスクの前には、約６メートル角の白いカルサイトの祭壇があります。
祭壇は高度な技術で加工され、中央の円を囲む4つのホテプ（凸型のシンボル）は「平和」「捧げ物」「ラーは満足した」を意味します。祭壇の前にあったオベリスクは「イベ・レー」、すなわち「ラーの心臓」を表します。

このメンフィスの神殿群は、それ以前の古代ヘリオポリスの創世神話や「ベンベン石」（注　太古のエジプトで信仰の対象となった、宇宙的起源を持つとされるピラミッド型の石）とも関連づけられます。アブシール、アブグラブの両遺跡と、オシリスやアヌンナキとの太古の繋がりについては後章で探っていきます。

さらに調査を進めれば、ネケン・レー（太陽の神殿）を、ネケンやネイトといった神々と関連づけることができるでしょう。ネイトは世界を織り上げる聖なる女性性の宇宙的ひな型《テンプレート》です。

ナイル川の三角州《デルタ》地帯の近辺（または頂点）に造られたメンフィスは、ファラオ時代の大半にわたって古代エジプトの首都として栄えました。エジプトの神話や伝説によれば、この古代都市は紀元前およそ3100年に最初の王メネス（またはアカ）によって築かれました。

メンフィス跡地は、現在のカイロから20キロ南のミトラヒナという町の近くにあり、位置的にはサッカラ、ザウィト・エル・アリヤン、アブシール、アブグラブ、ギザ、アブラワシュの支配者階級の墳墓群《ネクロポリス》や巨大建造物に近接します。ただ、当時は気候条件やナイル川の流れによって都市を移したので、「メンフィス」という呼び名が特定の中核都市を指していたかどうかは疑問の残るところです。

メンフィスは貿易だけでなく、エジプトの支配者階級の知識を広く伝えるための玄関口として、アジア、アフリカ、ヨーロッパの3方面を繋いでいました。メンフィスが建造された推定年代は、地球規模のソースコード・ネットワークを知る上で鍵となるかもしれません。

メンフィスは「メンネフェル」「イヌブ・ヘッジ（白い壁）」「メルカト・タウィ（輝く土地）」の名で呼ばれました。

プタハを主神とするこの古代都市は、特に第18王朝の王たちにとって重要な役目を果たします。トトメス5世は「プタハの神官」として知られ、アメンホテプ3世は治世30年目に「プタハと一体となったネブマトレ（アメンホテプ3世）の神殿」を建造しています。

この話はイクナートン（アメンホテプ4世）とメンフィスを関連づける上で極めて重要です。「アテンの地平線」という呼び名は、従来はイクナートンが首都と定めた都市アケトアテン（現在のテル・エル・アマルナ）を指しますが、それ以前の、イクナートンがファラオとなって間もない段階で使われていました。

古代メソポタミアにおいて、ボルシッパなどの主要都市は「第二のバビロン」「もう一つのバビロン」と呼ばれていました。「バビロン」という名称が他の都市にも使われていたように、「アテンの地平線」はメンフィス、アマルナ、ワセト（テーベ）などにも使われています。

ここでイクナートンとメンフィスとの関連性に注目しましょう。

マーテン・ラベン率いるライデン大学チームによる最近の発掘は、1970年代のベアトリクス・ローアの研究と併せ、メンフィス地域がアマルナ時代も重要な宗教と行政の拠点であり続けたことを裏付けています。メンフィスはアテン信仰の大事な中心地だったのです。

アブシールやアブグラブに繋がる太古の信仰を復興させようとしたイクナートンの試みは、さらなる研究に値します。それはエジプトの起源と、イクナートンとツタンカーメンで頂点を迎えた古代エジプトのパワーに関する、失われたソースコードの知識に繋がっていくでしょう。

ファラオ　イクナートン

我が父、アテンのために、この地アケトアテンに『アテンの家』をつくろう。

イクナートン

イクナートン像
©DeA Picture Library / PPS 通信社

2012年3月、私とツアーの一行は、テーベ西岸から250キロ離れたテル・エル・アマルナに向けて出発した。途中で警察や軍に護送されながらの7時間にわたる過酷なバスの旅だ。

私は午前4時半に目を覚ますと、新鮮な西岸バナナとロールパン、それに地元の蜂蜜を摂りに朝食会場に飛んでいった。

テル・エル・アマルナに着けば、新しいレベルの変容が始まるのは間違いなかった。きっと忘れられない旅になるだろう。

エジプトにいる時の私はほとんど睡眠を必要としないが、ここまでの早起きに慣れていない他のメンバーは冴えない様子だった。パワースポットを訪れた時の私の情熱と決意は、通常の観光の域を超えた体験を生み出し、参加者の中の新しい可能性とドアを開いていく。

7時間に及ぶバスの旅は、聖書の時代を思わせるテーベ西岸の村々と家畜の中を縫っていくことから始まった。イスラム教の朝の祈りの呼びかけをBGMに、私たちのツアーバスはうたた寝する16人のメンバーを乗せ、埃だらけの道をガタガタと進んでいった。

夜が明けると、バスは新しく開通した砂漠の道路を走り抜け、エジプトの国土の3分の2を占めるサハラの壮大な光景に出会った。テル・エル・アマルナに近づくと、ヤシの木のオアシスが見えてきた。エメラルドグリーンに輝くヤシの木々は風に揺れ、ガラベーヤ（訳注　裾の長いエジプトの民族衣装）のように豊かにうねりながら一行を歓迎していた。それは旧約聖書のワンシーンのような光景だった。

羊飼いたちがロバの引く荷車や家畜を、辛抱強くどこへともなく追いたて、新鮮なオレンジやナツメやバナナがうず高く積まれた、古びた乗用車が通っていく。この日は市場が開かれる日だったので、周囲は鶏やヤギや牛の鳴き声、それに商売や物々交換をする人々の声で賑わっていた。

この混雑のおかげで、私たちはテーベ東岸行きの騒々しいフェリーに乗る前に一息ついて、エジプトの空気をたっぷりと吸い込むことができた。時計はまたたく間に何千年も昔に遡り、私たちは不意に行き場を失ったような感覚に襲われた。太陽神ラーは、ファラオの面影の残る地元民の顔をその光で残らず焦がし、その地を代々耕してきた者の歴史を刻み込んでいた。

旅の最後は、私たちの堂々たるテル・エル・アマルナ入りを演出するかのようにゆっくりと進んでいった。真昼の強い日差しが空をいっそう青く見せ、フェリーはナイル川を静かに渡っていった。日干レンガでできた素朴な家の立ち並ぶ村を通ると、裸足の子供たちが手を振り、私がお菓子やバナナを差し出すとスキップしながらバスについてきた。

テル・エル・アマルナの入口近くにある切符売場に到着すると、濃いブルーの警察用トラックとその職員はまたたく間に活気づいた。

ファラオ イクナートンとネフェルティティ王妃の広大な都市アケトアテン（アマルナ）は、端から端まで10キロに及ぶ。ナイル川から5キロ離れた、石灰岩の崖に囲まれたかつての大都市は、今は人を寄せ付けない荒涼とした砂漠になっている。切符売場近くの仮説店舗はにわかに活気を帯びたが、イクナートンが私を呼んでいる。

古代エジプト第18王朝のファラオ イクナートンの治世はごく短期間（紀元前1353〜1335年）しか続きませんでした。アメンホテプ4世と名付けられた彼は、即位して間もなく、イクナートンに改名しています。

この章では、イクナートンと太古の失われた知識の関連性について探っていきます。人類の宇宙的起源や「輝ける者たち」に関する空白の歴史を探っていく際に、イクナートンは実に魅惑的な人物です。

イクナートンはアメンホテプ3世（アメノフィス3世）と王妃ティイ（偉大なる王の妻）の間に生まれました。彼は王位継承者ではなかったものの、兄のトトメスが早世したため、王位を継ぐことになりました。イクナートンの母方の祖父母は貴族イウヤとチュウヤです。イウヤとチュウヤの墓（KV46）はルクソールの「王家の谷」（「王家の門の谷」とも呼ばれる）にあります。

イクナートンは王家の谷の墓（KV55）に再埋葬されたとも考えられますが、これはあくまでも立証されていない仮説です。

イクナートンはワセト（古代テーベ、現在のルクソール）を治めた、第18王朝最後の重要な王です。テーベは第18王朝のエジプトの権力の中心地のひとつであり、アメン・ラーの神官団によって、ある程度、行政権を握られていました。

北アフリカの先住民アマジグ族は、亡くなった先祖の霊（AKHU《アクー》）は星の世界に還ると信じています。この祖霊の住処は「アクアク AKH-AKH」と呼ばれています。エジプトの第1王朝の最初の王の名前は AKHA です。

トリノ・パピルスは、3万５０００年にわたる紀元前のエジプト先王朝時代の歴史を記しています。古代エジプトの13番目の行政区《ノーム》は「イウヌ」と呼ばれていました。この有名な学びの都は、のちにギリシャ人に「ヘリオポリス」と呼ばれ、そこには原初のベンベン石が鎮座されていました。

クリスチャン・オブライエンとバーバラ・ジョイ・オブライエンは『少数の天才たち、エデンの園を作りし者たちの物語 *The Genius of the Few: The Story of Those who Founded the Garden in Eden*』（邦訳未刊）で、イクナートンと旧約聖書のヨセフを第18王朝の高官「ハプの息子アメンホテプ」と関連づけています。ハプの息子アメンホテプは、イクナートンの父アメンホテプ3世に仕えた書記官であり、哲学者です。また、オブライエン夫妻は次のように「輝ける者たち」をモーゼに関連づけています。

日輪に象徴されるアテンという一神教的概念は、父権的なヤーヴェ（エル・シャダイ）と似ていないとも言えない。ヤーヴェはすでにバビロニアで「太陽神」シャマシュとして崇拝されていた。

イクナートンはもっと承認されるべきです。精神分析の父ジークムント・フロイトも、1939年に刊行された著書『モーセと一神教』（ちくま学芸文庫）で、イクナートンとモーゼの繋がりについて言及しています。

従来のエジプト学では、イクナートンの重要性はしばしば意図的に否定されています。イクナートンを通じて、既存の歴史観を超えた人間と霊性の真実が白日のもとにさらされるからです。イクナートンと「輝ける者たち」の繋がりをさらに調査し、探求することで、もっと多くが明らかになるでしょう。

アマルナ時代に作られたイクナートンの巨大な石像は、1925年にフランス人建築家モーリス・ピレによって発見されたものです。当時、カルナック神殿のエジプト考古学事業の工務長だったピレは、同神殿群の東門で複数のイクナートン像を発掘しました。

巨大なイクナートン像は2つの極を併せ持ち、男性性と女性性という錬金術的な対同士と、若さと老いの統合によって起きる変容を表しています。

イクナートンについては多説あります。彼は誰であり、現代人の私たちにとってどんな意味を持つのでしょうか？

アテン信仰は何を表し、それは今日、何を意味するのでしょうか？

イクナートンは死後、なぜ歴史から意図的に抹消されたのでしょうか？

そこには当時の神託制という宗教的慣習以外の理由はあるのでしょうか？


イクナートンの名前が歴史の表舞台に再び現れたのは、1820年代半ばのナポレオンのエジプト遠征においてです。

そして19世紀半ばには、すでに筋書きができていました。十分に立証されていないにもかかわらず、イクナートンは一神教を推進し、太陽円盤（アテン）を一心不乱に崇拝した狂気のファラオとして描写されたのです。


しかし、イクナートンが太古の伝統の復興と継続を試みた天才であり、「輝ける者」のひとりだったとしたらどうでしょう？　彼は人間の生きた宇宙的ひな型だったのでしょうか？

アーサー・ウェイゴールは1910年に著書『エジプトのファラオ、イクナートンの生涯と時代 *The Life and Times of Akhenaton, Pharaoh of Egypt*』（邦訳未刊）で次のように述べています。

イクナートンの芸術は一種のルネッサンスといえる――それは古典的な時代の復興であり、その根底には、最古の神「ラー・ホルアクティ」としての王の役柄に重きを置くことへの願望があった。

ロバート・ハリとアルフレッド・グリムは1984年に、オシリスとセド祭（訳注　即位30年目に行われる王位更新の儀）の繋がりについて指摘しています。ヘルマン・シュレーゲルも2005年に同様の指摘をしています。ここで再び通過儀礼と普遍的な霊的プロセスの関連性が見えてきます。セド祭は個人と国家の再生と完成を象徴しています。アテンは太陽と月、男性性と女性性を象徴しています。

これはニュートラル・ポイント（中立点）という重要なゲートの話です。このゲートは意図的に閉じられてきたため、有害なストーリーを知的に選別し、除去することができません。そして有害なストーリーがねつ造され、巧みに使われることになります。しかし、誰によってでしょう？

イクナートンの父のアメンホテプ3世はすでに神格化され、アテンの象徴となっていました。興味深いことに、イクナートンの息子ツタンカーメン（誕生名 ツタンカーテン）は埋葬時に、次のような名で呼ばれています。

〈生ける神、王冠／神器の主、ネブケペウルラ、ラーの息子、ツタンカーメン、南ヘリオポリスの支配者、「日々ラーのように」永遠に生き、のちにホラクティ・オシリスの「ヘカ」として生きる者、2国の王、正しき者ネブケウルラー〉

第18王朝は「輝ける者たち」やキリストの概念と真実、そして今日の宗教のルーツに近づく鍵を握るのかもしれません。イクナートンの第1王妃ネフェルティティの乳母は、宰相アイの妻テイでした。これはネフェルティティとアイの一族との繋がりを示唆しています。

古代エジプトの記録によれば、イクナートンとネフェルティティには6人の子供がいました。このうちメリトアテン、メケタテン、アンケセンパーテンの名は残っていますが、正式な記録にない娘も3人います。

イクナートンの後継者はアンクケペルウラー（スメンクカラー）で、そのあとを継いだのがツタンカーメン（即位時ツタンカーテン）です。

ツタンカーメンは9年にわたってエジプトを治めたあと、19歳で亡くなりました。アマルナ時代の史実やエジプト史を見ても、ツタンカーメンが神官団の企みによって暗殺されたという証拠はどこにもありません。それは後世の宗教と共に生まれたものです。第18王朝のアメン神官団が腐敗していたという推測は、エジプトの宗教体制や神官に関する古代ギリシャ人の父権的解釈によるものです。

古代エジプトの神官が、隠された奥義の参入者だったという考えはギリシャ時代に急速に広がり、その後、ルネッサンス時代に甦《よみがえ》りました。

宗教改革後は、エジプトの神官は邪悪な存在とされ、エジプトの王朝が今日も大きく誤解されている要因となっています。

新王国時代の中期には、アテン神はすでに確固たる地位を得ていました。イクナートンの祖父トトメス4世は、ファラオを守護する「戦争の神」としてアテン神を活用し、イクナートンの父アメンホテプ3世はアテン信仰を推進しています。アテン信仰がイクナートンひとりによってつくられたという説は、のちの19世紀末～20世紀の学者によって立てられたものです。

アテン

古代エジプトでは、「マアト MAAT」は真実と正義を意味する言葉です。万国問わず、母を表すMAという音は、聖なる女性性の音といえます！

真実と正義はラーの娘マアトの原理であり、アテンは「マアトの王子」とも呼ばれました。死者は永遠の世界に入ることを許される前に、自分の心臓と羽根（マアトの象徴）を天秤にかけられます。ここで通常、最後の裁定を行うのはオシリスです。

「真実の王子」であるアテン神は、内なる導きと責任感の象徴となりました。この話は光の道、英雄の道を理解する旅において、ワクワクするようなひねりを与えてくれます。そこには従来のエジプト学でしばしば隠され、抹消されてきた人間の宇宙的ひな型と初期のキリスト教のルーツがあります。

アケトアテン（テル・エル・アマルナ）にあるイクナートンの墓とアテンの小神殿は、いずれも春分に太陽が昇る位置を向いています。これもオシリスの復活と関係しています。また、春分の日の正午のギザの大ピラミッドは影を作りません。これも人間の宇宙的ひな型と神性へのゲートであるキリストを指す手がかりです。

イクナートンは「アテンの家」または「ベンベンの館」でアテン大神殿の建造計画を進めました。ベンベン石の現物は、ヘリオポリスにある太陽神ラー（ラー・ホルアクティまたは地平線のラー・ホルス）の神殿に鎮座していました。これははるか昔の太古の信仰との繋がりを物語っています。その後、ベンベン石はオベリスクとして複製され、古代エジプトの各地に立てられました。

イクナートンは、カルナック神殿に「アテン、シュウの名において地平線に喜ぶラー・ホルアクティ」（訳注　アテン神の正式名）の大いなるベンベンを立てました。

私はカルナック神殿で、メンフィス台地のアブグラブ遺跡にある祭壇によく似た石灰石の祭壇または「平和の捧げもののホテプ」を見つけました。テル・エル・アマルナはエル・ミニヤから南に58キロ、カイロから南に312キロ、テーベ（現ルクソール）から北に402キロ行ったところにあります。

イクナートンを辿っていくと、「輝ける者たち」との繋がりが見えてきます。

アテン神は統合と一体性のシンボルであり、普遍性と超越、太陽と月、男性と女性、ゼロポイントを表します。ゼロポイントは時間と次元、日常的現実を超える高度なシャーマン的手法や意識のプロセスにおいて極めて重要です。ラーを知ることはアテン神を知ることです。

ヘリオポリスのラーと繋がりを持つ「ムネヴィスの雄牛」の墓を、アケトアテンに造る計画もありました。マアトとシュウもアテン神に組み込まれました。

それ以前は、アテン神は初期のラーやラー・ホルアクティに近い、鷹の頭をした半神半人の存在として知られていました。

後世になると、アテン神は開いた手（またはアンクを持った手）を光線のように放つ、基底部にウラエウス（蛇形紋章）をつけた太陽円盤として描かれるようになりました。こうした描写はイクナートンの父アメンホテプ3世の時代に見られます。

イクナートンはテーベ、アケトアテン、メンフィス、セセビ、ヌビアなどの行政区《ノーム》にアテン神殿を建てました。

アブグラブにある、古王国時代のニウセルラー王の太陽神殿の「季節の間」には、エジプトの3つの季節の動植物を描いた壁画があります。

カイロ博物館にあるアケトアテンの王宮の美しいフレスコ画は、メンフィスとの関連性を物語っています。

ネフェルティティは、ハトホル・マアトとしてみられました。蛇の力は、宇宙的次元のアテンのエネルギーに満ちています。時間はネヘ（永遠）の中に存在します。光という形而上学的体験は闇と交互に現れ、存在の中で拡大と収縮を繰り返します。

イクナートンは次のような呼び名で知られています。

●生けるホルス
●アテンの名を正しく体現する黄金のホルス
●美しきラーの変容
●その生涯において偉大であり、永遠の命を与えられし者

何よりも、イクナートンは次のような存在として描写されています。

●彼はAKH、天と地の間の東の地平線に立つ、神々しき変容を遂げた者

ここからは「輝ける者たち」とキリストの宇宙的ひな型について、さらに迫っていきます。

ソースコードとは？

古代エジプトの知識と言語、芸術、建築、スピリチュアリティは正確な宇宙のひな型として設計されています。これには人間も含まれます。しかし、従来のエジプト学者は、後世の父権的視点に基づいて、エジプトの不完全なストーリーをねつ造してきました。

古代エジプトのネテルはしばしば「神々」として誤訳され、誤ったかたちで広められました。ネテルは失われた（または抹消された）ソースコードであり、今日の地球と意識を変え、昨日の古

代世界を理解するために不可欠です。

古代エジプト人は天と地とドゥアト（またはトゥアト）という概念を信じていました。ドゥアトは死（肉体的な死と儀式的な死）の領域であり、生者の世界に浸透する見えない世界です。亡くなった祖先とネテルはドゥアトの領域にいます。ドゥアトに入るためにはスピリチュアルな光明を得なければなりません。

古代エジプトでは天界、地上世界《マルクト》、中間世界《ドゥアト》が、シャーマン的な3部世界をつくり上げていました。神なる本質は中間世界《ドゥアト》でネテルとして輝きます。今日の私たちは、ともすれば古代人の輝かしい知識を正しく評価しません。不完全なストーリーや、現代人の方が優れているという傲慢な考えにとらわれているのです。

しかし、私たちのストーリーは輝かしさを一瞬しか見せてくれません。高波動の宇宙のひな型や、既存の時間の枠組みを超えた知識に一時的に繋がることがあっても、それは一瞬のことであり、すぐに元に戻ってしまいます。

私たちは生存《サバイバル》にまつわるストーリーに左右され、人生の可能性を制約しがちです。するとソースコードや高波動の宇宙的ひな型に入れません。こうしたストーリーには特定の波動があり、私たちを操作するためのものであると自覚しておいてください。

この世界は波動の低い有害なストーリーによって、それとないかたちで恐ろしいほど操作されています。これは人生のあらゆる面で私たちの人間らしさと輝かしさを否定するストーリーです。

何度も言いますが、自分と世界をかつてないほど輝かしく変えたいなら、これこそ取り組むべきストーリーです。次のステージに行くことが急務です。私たちは迅速に次なる変容のステージ、意識のステージ、具現化のステージ、行動のステージ、健康のステージ、そして解決のステージに向かっていかなければなりません。

「神は自分の外にいる」という不完全なストーリーを信じていると、次なる進化（そして何よりも次なる貢献）に連れていってくれる新しい宇宙のひな型を否定してしまいます。

世界を変え、人類を個人レベル、集合レベルで癒すためには、このワンネスと一体性のひな型が不可欠です。それは新しい可能性と生き方を加速させるひな型です。

古代エジプト人は時間を凌駕し、時間の周期の中で確実に訪れる未来の出来事さえも凌駕し、輝かしさに入ることができました。このずば抜けたシンプルさこそが、私たちが今つくり出し直面しているテーマの中で、正しい方向に進むために必要です。

何よりも大事な内面のワークをすれば、従来の現実の枠組み《パラダイム》や構造、タイムラインを超えた自由と気づきが解き放たれます。

超覚醒《スーパーアウェアネス》こそが、神話上の輝かしい変容を理解し、具現化することを可能にします。すると私たちは神話が人類と地球の大切な歴史であり、真実であることを思い出すのです。

波動が低いと、あいまいな気づきに陥り、何度でも有害なストーリーを生み出します。そして制約がゆえに輝かしさや真実の何たるかを知る術《すべ》もなく、精彩に欠けた状態を受け入れ、つくり続けます。新しい思想を説くリーダーであれ、家族や友人を愛する一個人であれ、人生と世界の新たなストーリーや本物の解決法を見いだしたいなら、このことをぜひ考慮してください。

気づきは自分のみならず世界のために輝かしいストーリーを解き放ちます。しかし、気づきの力は意図的に操作され、スイッチを切られているため、解決に至るには長々と骨の折れる作業が必要です。

この社会はあなたの輝かしさと成功をサポートするようにできていません。そして多くの場合、あなたの輝かしさは尊重されてきませんでした。その結果、こうした有害なストーリーを取り込み、やがてそれに屈服し、輝かしさを信じず、輝かしさからほど遠い現実をつくるようになるのです。

これこそがすべての癒すべき問題の根底にあると思います。それを自覚していても、変える術がわからないことが多々あります。自分は十分に意識的だと思っていても、もう一度考えてみましょう。

この世界はあなたの気づきを遮断し、進化を遅らせ、ただ生き抜くだけの「サバイバルモード」を維持するように、低波動のストーリーによって意図的に操作されています。そしてあなたは閉じ込められます。

そこから抜け出す唯一の方法は、高波動の変容と気づきのプロセスをライフワークとすることです。最高の気づきに至るには波動を上げるしかなく、それが健康と幸福感、知性、愛、具現化、変化を強力に促す主権性を与えてくれます。これは現代風の的外れな「甘い」スピリチュアリティではありません。

あなたの人生や健康、愛する力にポジティブな影響を与えて向上させ、家族や友人、コミュニティに貢献するための輝かしさを維持してくれるものが必要です。

波動を変えれば、輝かしさと気づきと行動力を維持するパワーが手に入ります。瞑想して一時的に輝かしさのスイッチが入ったとしても、どうすればそのスイッチを永遠にオンにし続けられるのでしょうか？

あなたと日々の世界に必要な次なる気づきと行動のレベルは一体何でしょうか？

これが、私の主に力を注いでいる分野です。これは意識的で自信に満ちながら、ポジティブな変化を生きることです。


次のレベルは高波動の気づき、癒しと解決、行動力です。あなたが誰であろうと、何をしていようと、どんな履歴があろうと関係ありません。

人類にとって決定的なこの時代において、何度でも輝かしさのスイッチを入れる必要があります。トラウマや葛藤のパターンを繰り返しても、次のレベルの輝かしさに至ることはできないでしょう。幸い、古代人は私たちが輝かしい時代を解き放つための手がかりを残してくれました。

波動を上昇させれば、自分のストーリーを変え、次世代に伝えるストーリーを変えられます。自分のストーリーやパターンを変えたくても、あなたにはその変化を持続させるエネルギー源がないかもしれません。


そのエネルギー源を強化し、スケールアップさせる方法を探りましょう。

完全に訓練された古代エジプトの秘儀の参入者は、「天の王国」の何たるかを完全に理解し、それをつくり出すことができました。

彼らは後世の宗教的制約を超えたどんな世界に入り、何を知り得たのでしょうか？　これは実に興味をそそられる話題です。

これを探っていくと、有害なストーリーが生まれる以前の時代に戻り、参入者の世界を解き明かす気づきと高波動に繋がることができるでしょう。

では参入者《イニシエート》とは一体何でしょうか？

『オックスフォード新百科事典』によれば、イニシエート（initiate）という言葉は次のように定義されています。

●始める、開始する、着手する、導入する、軌道に乗せる、引き起こす、創出する、（何らかの行動や手法などに）取りかかる、（自動詞）最初から行う、開始する

●正規の入門の儀（または決まった手順）を受けた人に、何らかの会または団体への参入を許すこと。ある種の（特に隠された、またはオカルト的な性質の）原理や慣習への知識や参入を許すこと。一般的には、（人に）何かを詳しく知る機会を与え、何らかの題材や実践法を教えること

●最初の儀式を行う。イニシアチブを取る。通過儀礼《イニシエーション》を行う、または受ける

たとえ苦しい時でも、人生は素晴らしい通過儀礼と解決、好機のストーリーになり得るのです。あ

なたが輝かしさに入れば、どんな状況でも成功を収め、輝かしい現実を生み出せます。

ソースコードに入ると、ようやく低波動のストーリーを打破することができます。それを踏まえると、次の情報は実に魅惑的です。

●波動が高ければ、最も困難な状況の中でもタイムリーな奇跡が起きます。高波動のボタンを何度でも押しましょう!

●通常の波動は段階的な変容と気づきと進化をもたらします。高波動は時間を折り曲げ、自然な癒しを加速させ、目覚めと変容と具現化の成果を上げてくれます。効率を上げたいなら高波動のボタンを押しましょう!

●一方、波動によっては進化が妨害されることもあります。自分の波動が落ちたら自覚し、内面をプロセスして高波動のボタンを押すための時間と場を作りましょう。それを受け入れ、マスターできるのはあなただけです。あなたの過去も変化のための重要な土台です。過去を認めれば、困難な体験をもっと楽々と、パワフルにすばやく乗り越えられるでしょう。それはお金では買えない貴重なものです!

これは人生と健康と地球の変化を輝かしくするための大切な事実であり、高い波動で生き、**ソースコードの中で**ストーリーや未来を書き換えるための重要な土台です。

第4章
瞑想と高波動の輝かしさの科学

21世紀へと時間を進めましょう。今世紀、瞑想は人間の知性と可能性と健康を増進させる、様々なテクノロジーを包含した幅広いものとなっています。ここでは瞑想の価値をいっそう高めるために、瞑想の恩恵について科学的に立証していきたいと思います。

瞑想はシンプルなくつろぎの手法から、目覚ましい内的変化と幸福感、健康を促すものまで、実に様々です。

では、どの瞑想アプローチを使うべきでしょうか？　答えや解決法を探している人にとっては、そこが肝心です。

瞑想は目覚めと変容と人間的可能性を再編し、正しい手法を使えば、目覚めと変容のプロセスそのものを加速させてくれます。

瞑想のもたらす革新的なまでの内的変化は、従来の時間の構造を超え、既存の科学的理論を打ち破る力を持っています。定期的に実践しなければ結果は限られていますが、瞑想は成長に役立つ優れた視点や解決法を呼び覚ましてくれます。

本書では2通りのアプローチをとります。まずは、時間を凌駕し、従来の問題解決法の枠組みを迂回または進化させる「古代の知識や失われたテクノロジー」を探っていきます。

2つ目に、素晴らしい内的変化（より深い癒しや気づき、心の強化、使命や健康の向上など）を促し、その変化を維持する方法について探っていきます。


熱烈な瞑想ファンや瞑想の実践者の皆さんにお聞きします。現代社会のストレスやアンバランスに対処する方法として、時間のかかる一時しのぎの方策をはるかに超えた、壮大なプロジェクトがあったとしたらどうしますか？


ダニエル・ドラックマンとジョン・A・スエッツが手がけた『人間のパフォーマンスを上げる：課題と理論とテクニック　*Enhancing Human Performance: Issues, Theories, and Techniques*』（邦訳未刊）によれば、アメリカだけでも、年間3千億ドルが自己開発やヒューマン・ポテンシャル分野の講座に費やされています。もちろんこれは大切な産業であり、自分を高める一つの方法ではあります。

その場しのぎの対処法で一時的な自由を得たとしても、すぐにエネルギーが落ちて元のストレスに満ちたストーリーに戻ります。しかし従来のテクノロジーをアップグレードし、一時的対処法の無限ループを抜け出せるとしたらどうでしょう？　自由になるための「手順」がわかったとしたら？　その壮大プロジェクトが、人生と世界をもっと輝かしくする方法だとしたら？

それはまさに革新的です！　人間や世界はここまでの輝かしい成功と自由を手にするように設計されていません！　ではそれを再設計しましょう！

心理学者アブラハム・マズローの「欲求段階説（自己実現理論）」によれば、この社会で真の自由を得ているのは人口のわずか2％です。このストーリーは今日も人々の生き方やヒューマン・ポテンシャル分野の手法に浸透しています。マズローの説が正しいなら、真の自由を得た2％とは一体誰でしょうか？　マズローによれば、人間は各欲求を順番に満たしていく必要があります。

最初の欲求は当然、生存に関するものです。

レベル1（第一段階）は、空気、衣食住、暖かさ、セックス、睡眠といった生物的・生理的欲求です。

レベル2は、周囲の環境からの保護、安心感、秩序、ルール、制約、安定といった安全欲求です。

レベル3は、仕事仲間、家族、愛情、関係性といった愛と帰属の欲求です。

レベル4は、自己評価、達成、有能さ、独立、ステータス、優勢、地位、管理責任といった承認欲求です。

レベル5は、自己の可能性、自己達成、自己成長、ピーク体験といった自己実現欲求です。

あなたのストーリーを決めているのは誰でしょうか？

古い枠組みはヒューマン・ポテンシャルの分野にも存在します。未経験のファシリテーターの多くは専門家による二次情報に頼り、気づきの力を高めて一人ひとりに個別のアプローチをするという自由を放棄しています。個別のアプローチは極めて有効ですが、誰にでも当てはまる総称的アプローチは内容が薄く、時間がかかって成功率も甚だしいほど低いものです。

だからこそ探求し、切望し、夢を見ることもストーリーの一部です。ヒューマン・ポテンシャル分野のファシリテーターの多くは大きなストーリーを見る力に欠けるため、クライアントを狭い枠に閉じ込めます。

あらゆるストーリーを包含する、より大きな自由と成功のパラダイムがあります。苦痛と失敗のストーリーに焦点を当てることが人類の構造上の欠陥であるならば（実に98％がそうですから）、改善すべき点はまだまだあります。

この構造上の欠陥をあらゆる面で作り変えれば、個人レベル、地球レベルの紛争に対処することができるでしょう。

世界保健機関（ＷＨＯ）の元ブルントラント事務局長は、２００１年に興味深い予測をしています。それによれば、度重なる紛争、戦争、難民問題、災害、政治不安、ＨＩＶ、子供や女性への暴力の結果、当時、人類を蝕む病気の第４位に挙げられた鬱病が、２０２０年には第2位になります。２００１年には世界中で４億５千万人が鬱病に苦しんでいました。

当時、ＷＨＯは世界中の精神保健制度の向上に重要な役目を果たしていました。人間社会の発展と貧困撲滅において、心の健康は最重要課題です。

２００１年当時、精神保健関連の政策を持たない国家は全体の40％、精神保健福祉制度のない国家は全体の30％を占め、このうち90％の国家において子供は対象外でした。これはあまりにも衝撃的な数値です。

人類の健康と幸福感を高めるには、ビジョンや向上心を養うテクノロジーや解決法の開発が必至です。

2014年にストレスに取り組むために費やされた額はアメリカだけでも3000億ドルにのぼります。アメリカの高血圧患者数は延べ7000万人で、毎年1300億ドルがその治療に充てられています。アメリカの全医療費の70％は慢性病の予防に充てられます。

2008年には世界中で3600万人が心臓病、脳卒中、癌、糖尿病、呼吸器系疾患で命を落としました。このうち80％が予防可能なのです！

世界中で鬱病に苦しむ人々の数は2014年に3億5千万人に達しました。この信じがたい数値は人々の生き方や健康、前進を確実に阻んでいます。

鬱病は制約的ストーリーを通して何世代にも影響を及ぼし、人の潜在能力や変化への可能性を限定します。これは世界を良い方向、ポジティブな方向に変えるために極めて重要な情報です。人類が直面している巨大な危機と困難に取り組むため、世界に貢献し、解決法を生み出すことが急務です。

「医療のブッダ」の異名を持つノーベル賞受賞の生化学者エリザベス・ブラックバーンは、サンフランシスコ大学精神医学部の研究員エリザベス・エペルと共に、慢性的ストレスの弊害に関する風変わりで革新的な研究を行いました。

1980年代に、ブラックバーンは「テロメラーゼ」と呼ばれる酵素を発見しました。テロメラーゼは老化とアンチエイジングの鍵となるテロメア（訳注　染色体末端粒子）の生成と保護に関わります。

2014年現在、『エイジングと代謝と心のセンター』の所長を勤めるエペルは、ホリスティック・ヒーリングの異端児ディーパク・チョプラ博士に影響を受けたことに言及しています。

ブラックバーンとエペルは58人の母親から採取した血液サンプルを使い、ストレスのある母親と対象群の2つのグループに分けて実験を行いました。すると驚くような結果が得られたのです。ストレスの多い母親ほどテロメアが短くなり、テロメラーゼ値の低下が見られました。

この後、2人は瞑想とテロメラーゼの相関性を調べる方向へと研究を進めます。この興味深い研究は、読者の意欲をさらにかき立てるかもしれません。テロメアが短いと、骨関節炎、糖尿病、肥満、心臓病、アルツハイマー病など、加齢に伴う病気や疾患に繋がります。ストレスは重要な因子であるとブラックバーンは断言します。

ブラックバーンとエペルは、妊娠期のストレスによってテロメアが影響を受けると、それが次世代に伝わり得ることを立証しました。ストレスのある母親の子供は、テロメアが短かったのです。これは、親の資質が遺伝子経由で伝わるという従来の考えと明らかに矛盾する、非常に興味深い情報であり、ストーリーが受け継がれる過程を知る上で役立ちます。ホリスティック医療にとっても朗報であり、瞑想が良い変化をもたらすことを示すワクワクするような情報です。

これにより、これから生まれる子供たちが健康と人間的可能性といった面で、どんな恩恵を受けるか考えてみてください。

私たちは再び違うストーリーに入っていこうとしているのです。何十年にもわたる制約のストーリーを解放し、新たな可能性を呼び覚まし、苦難や経済的コストの代わりとなる新しいシナリオを呼び覚ますのです。
次世代の健康増進のために簡単な瞑想プログラムを実施してもよいでしょう。ストレス緩和のテクノロジーは本当に効くのですから！

２０１４年5月、キャサリン・バートンとアンソニー・エフィンジャーは『ウォールストリートで大金を稼ぎたいなら瞑想せよ *To make a killing on Wall Street, start meditating*』という記事を www.bloomberg.com に載せています。

多くの人が月々の請求書の支払いに精一杯な昨今、この記事は瞑想という古代の技法を現代的タッチで紹介しています。ウォールストリートでさえ、新しいパラダイムを作るための戦略を模索しているのです。

「ウォールストリートのリトルブッダ」と呼ばれるヘッジファンドマネージャーのデヴィッド・フォードは、１日20分の瞑想を実践した結果、この2年で今まで以上に稼いでいます。フォード自身の経営するイベント駆動型の信用基金 ラティーゴ・パートナーズは、２０１３年に24％の成長を見せました。

では瞑想でどんな効果が期待できるのでしょうか？　本書の第Ⅱ部では、人生を向上させるための瞑想法を紹介していきます。

世界最大のヘッジファンド会社ブリッジウォーター・アソシエイツの設立者レイ・ダリオは、従業員の参加する瞑想プログラムのコストを半分請け負っています。これは世界をポジティブに変えるための真の貢献といえます。ダリオはビル・ゲイツとウォーレン・バフェットの立ち上げた『ギビング・

プレッジ』に参加し、資産の大部分を慈善事業に寄付することを誓いました。

瞑想に洒落た現代風のひねりを加えることは決して新しいものではありません。産業革命のまっただ中の19世紀の大英帝国では、瞑想と慈善事業は切っても切り離せないものでした。

世界的企業であるグーグルは「自己探索をせよ」というプログラムを提供しています。これは同社の社員で『サーチ！　富と幸福を高める自己探索メソッド』（宝島社刊）の著者チャディー・メン・タンの作ったプログラムです。

瞑想はヒッピー時代の遺物の甘いニューエイジ的話題から、今風のメインストリームへと急速に戻りつつあります。瞑想は利益増加、より良い決断、健康とストレス緩和、リーダーシップ、職場での影響力などを目的としています。ナイキとP&Gでも、「マインドフルネス」のプログラムを実施しています。

こうした流れは今に始まったことではありません。アインシュタインは神智学者であり、ヴィクトリア女王はスピリチュアリスト、レオナルド・ダ・ヴィンチは錬金術師《アルケミスト》でした。

ヴィクトリア女王が愛する夫の亡きあと、英国の主導者となると、上流階級や著名人は女王に倣い、積極的にスピリチュアリズムに関わりました。心霊現象研究会でさえ政府と科学者の支援を受けました。当時の首相グラッドストンはスピリチュアリズムを「時代を牽引する科学」と呼んでいます。

では、瞑想をすべき科学的背景についてみていきましょう。

2011年、マサチューセッツ総合病院精神医学神経画像科のサラ・ラザール博士は、わずか8週間にわたる瞑想プログラムを通して、瞑想が脳の構造とニューロン同士のコミュニケーション法を変えることを証明しました。この研究は瞑想法の効果をさらに立証するものです。

ラザールの発見は次の通りです。

瞑想は老化を遅らせます（わずか8週間の瞑想プログラムの結果、50歳の大脳皮質の容積が25歳へと増大しました）。

瞑想は海馬に影響し、学習能力、記憶力、重大な意思決定能力をアップさせます。また、側頭頭頂接合部を活性化させるため、共感能力が高まり、大局的視点が得られ、思いやりが深まります。

瞑想は扁桃体を縮小し、ストレスや環境ストレス要因への反応を制御します。

では瞑想の利点をもう一度振り返ってみましょう。熱心な気持ちで定期的に実践すれば、瞑想には次のような恩恵があります。

- 悲しみ、怒り、鬱状態の変容
- 無関心、情熱の欠如、自分や世界のビジョンの欠如の変容
- 罪悪感と自己評価の低さの変容
- だるさ、無気力の変容
- 世界中の人々の健康と自己価値の増進
- 記憶力、学習能力、時間管理能力、創造的解決法、気づきの増進

●アンチエイジング
●ストレスに起因する健康問題（糖尿病、血圧問題、肥満、皮膚疾患、消化不良、食欲不振、活力減退）の変容
●ストレスに起因する社会問題（家族間やコミュニティにおける関係性、職場の人間関係や生産性、女性的・男性的な力を表すステレオタイプ）の変容
●幸福感、ポジティブな自己イメージ、世界へのポジティブな貢献、協力性、繋がり、内なる平和の喚起
●よりポジティブで善良な方向に使命をアップグレード
●時代遅れの考え方や未解決のトラウマの変容
●ポジティブな状態を促すエネルギーの喚起と、その状態の維持

本書では瞑想をポジティブなもの、自分や世界について新たな気づきをもたらすプロセス、テクノロジーまたは日常活動として定義します。

このあとの第Ⅱ部で紹介する瞑想法は、どんなレベルの人にも実践できるものであり、内なる平和と変容、知性、潜在能力、やる気、責任ある行動力をアップさせるために使えます。

瞑想するときは、自分と世界をポジティブな視点で見るように心がけ、献身的に練習しましょう。瞑想は年齢や背景、肩書き、経済力を問わず誰にでも実践できる、人間としての可能性を最高に高める技法です。どんな瞑想をする場合も、今の自分の状態が基盤となります。瞑想は自分を深いとこ

ろで理解するための気づきの旅であり、真実、知性、責任感、愛によって舵取りが可能です。

世界的に有名な薬理学者キャンディス・パートはナンシー・マリオットと共同執筆した『感情と意識の科学 *The Science of Emotions and Consciousness*』（邦訳未刊）の中で、意識と無意識が人生と肉体のあらゆる面に浸透し、影響を及ぼす仕組みを検証しています。ここでパートは錬金術《アルケミー》の重要性について理解しています。

パートによれば、感情は非物質であると同時に物質であり、重量を計ることもできます。感情は物質的かつ生理学的なもので、電気的に振動しながら、心身をひとつに繋ぎ合わせています。

意図的な瞑想や変容のプロセスは意識を解き放つばかりか、従来の意識構造や時間の枠組みさえ解放し、加速させられるのでしょうか？　高度な錬金術的プロセスは新たな気づきを促し、それにより新しい可能性が解き放たれ、新しい現実や次元との融合が起きるのでしょうか？　高度な瞑想テクニックはしばしば革新的な内的ビジョンを呼び覚まします。

では、新たな超意識と圧倒的なエネルギーが解き放たれたあと、何が起きるのでしょうか？

新しい可能性と融合し、既存の枠組みを超えると、真新しい現実を体験するのでしょうか？

高度な瞑想や変容のプロセスは感情という電気エネルギーを解放し、それがオーブ現象としてカメラに映るのでしょうか？

確かにその可能性はあります。

神経学者エリック・カンデルはウミウシの研究において、記憶が神経細胞のシナプスの変化によって生じる仕組みを立証したことで、２０００年にノーベル生理学・医学賞を受賞しました。これは実に興味深い話です。

記憶は感情の分子（高エネルギー・低エネルギー）を媒介とする意識的・無意識的なもので、脊髄や心身の至る部分に貯蔵されます。

良質の瞑想や変容ワークは無意識の記憶を呼び覚まし、高エネルギーのポジティブな感情を解き放ちます。意識の奥深くに埋もれた記憶は、低エネルギーの感情（トラウマ）となって、気づきや活力、認識、決断力、行動、人間関係、健康、知性、幸せに影響を及ぼします。

超常《サイ》能力を高めるには、まずは感情のトラウマを変容させなければなりません（これは超常能力研究において大事なポイントです）。

研究によれば、超意識に至る最も有効な方法は、感情的なトラウマや高波動の変化に的を絞った瞑想と変容ワークを定期的に行うことです。

このとき、目を覚ましたまま行うことが重要です。これによって変容が加速し、気づきや融合、内なる平和、責任感、感情の知性、ポジティブな貢献、ポジティブな健康と幸福感が増します。

これは加速的変容と気づきへの錬金術的プロセスです。これは参入者《イニシエート》の道であり、神秘主義者、シャーマン、ビジョナリーの道です。

痛みの限界値を設定する脳の構造は、中脳水道周囲灰白質（ＰＡＧ）と呼ばれます。前頭皮質のニューロンが中脳水道周囲灰白質に投射されると、痛みや敏感さを意識的に制御することが可能になります。つまり、人間は外界の刺激をどう解釈するか選べるということです。ポジティブな思考はポジティブなヒーリングを起こします。**あなたはポジティブな変容を起こせるのです。**

ポジティブな思考を持つと、健康と幸福感が増進し、生理学的システムが癒される可能性があります。肉体とマインドは相互に交信する分子同士の壮大なネットワークです。

これはポジティブな癒しのサイクルを生み出すため、健康が増進し、気づきが高まり、選択権と責任を手に入れることができます。ここにも加速的変容を起こすための鍵があります。私たちは自分の健康だけでなく、気づきの力や周囲の世界をコントロールできるのです。

ポジティブで波動の高い感情を選んで健康を改善し、自分の可能性を高め、そこで初めて世界を変えられます（まずは自己変容からです）。これは今までとは全く異なる、古代の叡智が何千年も教えてきた効果的な解決法です。

これは非常に興味をかき立てられる話であり、同じ波動のストーリーやパターンが何度も繰り返す理由の説明になります。

世の中には超感覚的能力を持つ人と、全く持たない人がいるのはなぜでしょうか？

感情エネルギーは能力を向上させます。これは錬金術師、神秘主義者、シャーマンが古代から知っていたことです。

では、波動を変えてストーリーが変わると一体どうなるのでしょう？

人間は至福や無限の愛といった高波動の超意識状態を体験します。これは輝かしさへのゲートであり、体内に組み込まれたものです。こうした体験に縁がない人も、誰しも恋に落ちます。私たちは地球と人類のポジティブなビジョンを選ぶこともできるのです。これは科学的にも証明されています。

人間は、覚醒、睡眠、夢見、瞑想、感情、研ぎ澄まされた意識など、様々な意識状態を体験します。意識はあなたが体験し、理解する現実のあらゆる面に影響を及ぼします。あなたのビジョン次第で、意識は無限の新しい世界を包含するか、あなたを狭い枠に閉じ込めます。意識は人間の計り知れない可能性と、全く新しい世界観への鍵を握っているのです。

あなたが目覚め、ポジティブな信念体系を育むと、毎日を生き生きと意識的に生きるためのエネルギー源が手に入ります。状況がどうであれ、あなたは内なる自由への鍵を握っているのです。

このことは、『遺伝子の中の魔人：エピジェネティック医療と新しい生物学的意図 *The Genie in your Genes: Epigenetic Medicine and The New Biological Intention*』（邦訳未刊）の作者ドーソン・チャーチのエッセイ「心理的浄化は魂の現れる前の序曲 *Psychological Clearing as Prelude to Soul Emergence*」で、次のように要約されています。

あなたの耳が自動反応的なおしゃべりやネガティブな騒音に満ちていない時、あなたの人生がストレスに起因する愚かな行為や、そこから生じた後始末に追われていない時。そんな時、スピリットの小さな静寂の声が聞こえるだろう。もし全世界が癒されたとしたらどうだろう？　すべての感情的なトラウマが消滅し、誰もが健康そのものになった世界を想像してみよう。他人の癒されない感情によって押し寄せる数々の困難に対処しなくてよかったら？　そして自分だけの創造的で調和に満ちた音楽を自由に奏でられるとしたら？　社会のトラウマ（それは個々のトラウマの拡大版にすぎない）が消滅し、他人を殴り、傷つけたいという衝動が聖なる愛の中で消滅するにしたがい、戦争と貧困が消滅したとしたら？　20年前はそんな世界は想像すらできなかった。今は、私が生きている間にそれが実現するような気がする。

世界中のほとんどの文化圏には、祈り、儀式、セレモニー、マントラ、ヨガ、太極拳、気功、武道、瞑想など、その瞬間への気づきを深めるための実践法があります。

意識的になることで人生が変わり、苦しみが緩和され、感情を制御し調節する能力がアップし、機能不全の感情が変容し、感情のプログラミングが進化して改善され、ネガティブなものの見方や視点が減り、鬱状態が緩和され、アンバランスだった脳の回路が変換します。

意識的になることには次のような恩恵があります。

——癒し、免疫改善、ストレス緩和、肉体的健康、幸福感——

そして自己への気づきはさらに洗練されたものとなり、より良い世界を見るようになります。その結果、ますます自分を愛し、大切にするようになり、世界への自覚も芽生えます。すると自分とこの世界を、もはや制約的ストーリーという視点から見なくなります。

ただし、私の調べによれば、目覚ましい結果を出したいなら、**定期的に実践するしかありません。**

では、最大の効果を得るには、どんな瞑想や変容テクノロジーを使うべきなのでしょうか？

特上の瞑想法は圧倒的な変容を引き起こし、新しい可能性へのドアを開きます。そういった瞑想を定期的に実践すれば、ずば抜けた気づきとマスター性に至り、通常は奇跡と呼ばれる輝かしさと超感覚的な力が解き放たれます。

高度な瞑想や変容テクノロジーは、長々とした方法や苦痛のサイクルを超えて変化を起こし、深い内的ビジョンを呼び覚まします。これは驚くべき内的・外的変化への鍵です。

スーパーエネルギーは多次元的であり、ソースコードを定着させて統合をもたらします。波動が低いとソースコードにアクセスできず、ひいては統合に至ることができません。

超意識の可能性はソースコードにあります。自分と世界をパワフルに変える驚異的な気づきと能力開花の可能性は、ソースコードに宿るのです。これが私のすべての研究やトレーニングプログラムの根幹を成しています。ソースコードは癒しや気づき、そして意識のトレーニング法においてさえ、革新的可能性を生み出します。

この話は、エクセレンス（最高の状態）と潜在能力の開花をもたらす超意識テクノロジーの科学に繋がっていきます。被験者を使って脳波解析をし、これを科学的に検証できれば興味深いでしょう。

幸福感、エンパワーメントと自信、人間の潜在的可能性とエクセレンスは超感覚的能力において鍵であり、より多くの現象を引き起こす可能性を秘めています。

この話は科学的証拠を集め、オーブ現象を人間の潜在能力や超意識と結びつける上で重要です。これらの現象はソースコードと融合するために「封印を解く」「解き放つ」「再編成する」「再配線」と描写することができます。

これがワンネスと統合の力です。内面に意識を向けることに目覚めれば、ヨギやシャーマン、神秘主義者と同じように現実に強力な影響を与えられます。超感覚的能力を伸ばし、現象を起こすには、どうしても内なる統合が必要だということです。これはポジティブで意識的な変化を目指している思想的リーダーや影響力を持つ人には大事な話です。

瞑想の目的はリラクゼーションのみである、という従来の西洋的な考えを捨てなければなりません。瞑想はしばしばストレスや血圧問題、鬱病への対処法としか理解されていませんが、瞑想は脳の働きを改善し、学習・認知機能の維持と増進に役立ち得ることが科学的に証明されています。瞑想は生理学的影響を及ぼし、神経変性疾患による運動制御能力の低下や認知機能を改善させる可能性があるということです。

神経可塑性《かそせい》学の持つ可能性に注目したダライ・ラマは、2004年に、チベット仏教において最も瞑想経験を積んだ8人の高僧を派遣し、瞑想経験のないグループを対照群に、神経学者リチャード・

デビッドソン率いる脳波図の実験に参加させました。

実験に参加した僧侶らは、1万～5万時間分の瞑想経験を積んでいました。デビッドソンは最も周波数（またはエネルギー）の高いガンマ波の測定に関心を持っていました。人間の脳が10ワットの電力を発生させるのは周知の事実です。デルタ波は4ヘルツ以下の低周波数で、アルファ波は8～13ヘルツ、ベータ波は15～40ヘルツ、ガンマ波は40ヘルツ以上です。

ガンマ波は最も高い周波数（または高エネルギー）を生み出し、より高次の知的活動、認識、気づき、意識を可能にします。神経細胞同士のコミュニケーションにとってガンマ波は欠かせません。

熟練した瞑想家の場合、瞑想中に高振幅のガンマ波の発生と同期がみられました。瞑想は脳を再編成し、灰白質の再分配を促す、マインドの運動といえます。灰白質には神経中枢が存在します。

高僧らの脳波を測定したところ、ガンマ波の著《いちじる》しい増加がみられました。これは何千もの神経細胞が一体となって高速で動いていることを示しています。

これに比べ、瞑想経験のない初心者のグループは神経細胞の動きが不調和で、わずかなガンマ波の増加しかみられませんでした。

デビッドソンの発見によれば、多くの神経細胞が同期しながら活動することで脳の容量が増大し、それが記憶や学習能力、関係性において重要な役割を担います。

仏教では、鍛錬されたマインドは本人と周囲の世界に平和をもたらすといわれています。この話は、私が東京で地球の平和と癒しのために祈った時のことを思い起こさせます。

それは2014年1月のセレスティアル・ヒーリングのセミナー中の最後のワークのことでした。私は58人の参加者と一緒に、意識的な瞑想によって地球上のパワースポットを繋げるワークをしていました。この時、私たちは世界平和に心を集中しながら、エジプトのギザのピラミッドと日本の富士山を繋げました。

最後の5分間はオシリス、イシス、ハトホル、ホルスの4人のネテルのワークをし、その後、日本の天照大御神にフォーカスしました。

瞑想が終わって目を開けると、驚くようなシンクロニシティが起きました。それまで何週間も真冬の雲に覆われていた富士山が、みるみるうちに姿を現したのです。富士山はセミナー会場からはっきり見え、沈む夕日がこの素晴らしいパワースポットを後ろから照らしていました。

富士山は東西のエネルギーを癒す重要なゲートでありパワースポットです。この奇跡の瞬間は天照大御神からの大いなるサインとされ、完璧なシンクロニシティが参加者の自然な変容を促しました。

このシンクロニシティを信じようと信じまいと、その場に居合わせ、目覚めていた全員が、地球の平和と癒しに心を集中したことは間違いありません。時計の針が5時を指した瞬間にセミナーが終わったのも、変容のシンクロニシティといえます。この時、感動の涙がさらなる変容を呼びました。

第5章
自己変容の科学

２０１１年の春分の日、エジプトのラムセス３世の葬祭殿で、16分にわたる多次元との交信とオーブ現象が動画に収められました。

『オーブ・プロジェクト *The Orb Project*』（邦訳未刊）の共著者クラウス・ハイネマンとメールでやり取りをしながら、私はあの革新的映像を撮影した経緯について尋ねられました。

ハイネマンはこれまで何千ものオーブ映像を集めてきたものの、これほどの水準のものに出会ったのは初めてだと言いました。あの動画に映った現象は、従来の概念をはるかに超えた、私の分野でも型破りのものだったのです。

人間はともすれば知識を過信し、人生や世界を永遠に変えてしまう途方もない変容や霊的な体験へと意識を飛翔させません。しかし、それこそが私の共有したかったことです。それが私の探し求めていたものであり、すべての人々が、他人の知識にぬくぬくと浸る代わりに求めていたものです。私が欲しかったのは、さらなる飢餓感をあおるような偶発的なピーク体験ではありません。

方法さえわかれば、ソースコードを使って潜在的可能性を圧倒的に加速させ、次の世代のために確かな解決法を手にすることができます。そして何世代もの停滞と無益な知識、そして破壊的で窮屈なストーリーに対処し、ポジティブで革新的変化に向かっていくことができるでしょう。

思考がいかにして現実をつくり、人類全体に影響を与えているか、もっと自覚できたらどんなにいいでしょう！

私は意識と変容のテクノロジーを、より効果的に使う方法に、ずっと魅了されてきました。そのため、大抵の人より有利な立場にあったといえます。

私はソースコードの仕組みに興味を持つ科学者ではなく、子供時代から訓練を積んだ精神世界主義者として、すでにソースコードの仕組みを知っていました。そしてソースコードの謎をさらに解明し、そのパワーを人々と共有することに夢中でした。

ソースコードを共有すればするほど、私はさらなるソースコードに繋がり、そのスイッチを入れることに伴う責任にも意欲的になりました。ここでいう責任とは、自分がつくり出す世界での立ち位置を自覚し、この地球で過ごす短い時間の間にどんな影響を残すかということです。

私は波動こそが、今まで欠けていたものだと気づきました。どんなに知識があったとしても、波動だけは決してごまかせません。

誰が何と言おうと、これこそが自由と主権性へのVIP入場券です！　知識を得るために競うなら、確固たる主権性と、100％人類のためにという意識が伴わなければなりません。

欠けていたワークは、内面のワークです。つまり自分のストーリーに気づき、ストーリーを変えるということです！　それは今も絶え間なく続く不完全で腐敗した歴史のストーリーです。ストーリーを変えて初めて、ソースコードへの扉が開きます。それも一度だけ、またはごくたまに開くのではありません。

セレスティアル・ヒーリングの目的は、ソースコードに何度でも繋がって波動を変え、自分と世界を目に見えるかたちで変革していくことです。それが今、何よりも重要なのですから！

私は人間の潜在的可能性と世界変革の現状と新開地について調べながら、常に「なぜ？ *why*」「どうやって？ *how*」と問いかけてきました。

どうすれば単なるリラクゼーション、凡庸な対処法、長々としたヒーリング行程を超えた、最高の瞑想や変容法を開発できるのでしょうか？

なぜ、そしてどうやって、自己と世界の輝かしい新開地を解き放つべく、瞑想や変容テクノロジーを改善すべきでしょうか？

どうやって時代遅れの窮屈な考えを乗り越え、瞑想やヒーリング手法の可能性を高めるような気づきに至るのでしょうか？

なぜ、そしてどうやって苦痛に注目するパターンを変え、最高の輝かしさを手に入れられるのでしょうか？

それが実現できれば、新たな世界が開けます。遠隔視《リモートビューイング》、テレパシー、変容、ＥＳＰ（超常能力）、意図的な具現化や現象は、訓練や生まれつきの才能によって、わかりやすいかたちで科学的に証明することが可能です。

どうすればオーブ現象や超意識を繰り返し立証できるのでしょうか？
どうすれば超意識の最大値をさらに広げられるのでしょうか？
どうすれば潜在能力を最高に加速させ、維持できるのでしょうか？
高度な瞑想や変容のプロセスはどんな仕組みで型破りの現象を起こし、時間の構造や地球の重力にさえ影響を及ぼすのでしょう？

これは超意識の研究において非常に重要です。また、従来の変容ワークの効果を上げ、科学的結果を出すためにも重要です。

１９９９年以降、私は世界的な講師、ヒーラー、ビジョナリーとして超意識を実現させる高波動のトレーニング法の開発を模索してきました。

神智学協会のヘレナ・ブラヴァツキー、ルシス・トラストのアリス・ベイリー、ＡＲＥのエドガー・ケイシーは、意識とヒューマン・ポテンシャルと人類へ貢献する分野の初期に活躍したヒーラー、サイキック、人類のビジョナリーであり、歴史的にも重要な存在です。

この3者の共通点は、訓練して超意識をマスターした結果、おびただしい量の作品を世に出した点にあります。彼らは類いまれな超常能力、チャネリング、ヒーリング能力を実証したとされ、それぞれが設立した団体は今なお世に影響を与え続けています。

こういった人物は新しい世界や考え方、理念のために尽力した、時代を超えたビジョナリーであり、超意識を極めて人類に貢献するという共通のビジョンを持っていました。そして各々が、類いまれなヒーリング能力、ビジョナリー能力を持った新しい思想のリーダーであり、古代の叡智の教師です。

私は１９９９年から２０１４年までに、のべ１万４０００回のライフビジョン・リーディングを行い、３万人に教えてきました。その結果、潜在能力を最大限に開花させ、世界にポジティブな貢献をするためのトレーニングの大切さを知りました。

私は人間の進化と可能性と貢献能力を停止させる古い低波動の信念体系から自由になる「方法」を解明しました。これによって時代遅れの枠組みから自由になり、波動を上昇させ、最高の生き方と健康を手に入れることができます。

私の開発した瞑想や変容のプログラムは、革新的変化をもたらし、ストーリーに肝心の「波動」変換に必要なエネルギー源を呼び覚ますためのものです。

私のクライアントにはたびたび変容に失敗してきた人もいました。これを改善するためには、よく訓練されたファシリテーターとクライアント側の変化へのコミットが必要であると悟りました。**ここで一番の鍵を握るのが、意識です。**

癒しを起こすためには、その人のストーリーだけでなく、そのストーリーを解決に導く波動を理解しなければなりません。そうすれば本人の可能性が広がり、周りの世界への自覚と効果的な貢献という変容の第2ステージに移行します。

私は先駆的トレーニング法の開発に取りかかりました。超変容を起こし、超意識能力を呼び覚まし、そのあと意図的に現象を起こす能力を呼び覚ますためのトレーニング法です。自己変容という必要不可欠なプロセスを加速させるためにも、私は繰り返しポジティブな変化にフォーカスする方法をとりました。

この行程が完了したら、効果を高めるために何度か繰り返します。私は完璧な解決に至らせてくれる超変容と瞑想のプロセスを取り入れました。

その結果、未解決のパターンによくみられる限定的信念や思考、苦痛のパターンへの固執を超えた、大きな変容が起きました。

因習的信念、思考、時間の枠組みは特定の波動によって固定されています。自分に取り入れる波動によって制約される場合もあれば、新しい自分が開ける場合もあります。

トレーニングプログラムに通って定期的に実践をし、内面のワークでメンテナンスをすれば、さらに変容が起きることがわかりました。波動は、あなたの気づきや可能性を閉じ込めることも、解き放つこともできます。

私はさらに調査を進めながら、瞑想や変容テクノロジーの新たな活用法について模索しました。たとえば、従来のアプローチは次のようなものです。

――現代生活への対処法、繰り返しフォーカスする低波動の方法、ストレスに重きを置いた方法、長々とした効果の薄い変容法、基本的なリラクゼーションのみ、生存のための対処法、敏感さへの対処法、エネルギー的に疑わしい方法、繰り返し起きる心身の問題への対処法、ストーリーに気づいても変容の起きない方法など――

前章で、生化学者エリザベス・ブラックバーンとエリザベス・エペルによる慢性的ストレスの共同研究の結果から、未来の世代のために瞑想がストレス緩和のテクノロジーとして期待できること、またストーリーやサイクルが親から子へと受け継がれていくことについて触れました。

次の段階では、超意識について探っていきます。

最高の瞑想や変容法を取り入れた内面のワークや超常能力研究は、どんな結果を生み出すのでしょうか？

人間がオーブ現象に意図的に影響を与えることは可能でしょうか？

瞑想の上級者がグループで力を合わせたら何が起きるのでしょうか？

ポール・ドンは著書『中国のスーパーサイキック *China's Super Psychics*』（邦訳未刊）で、1994年4月に北京通信部隊公会堂で目の当たりした超人的能力（EHF *Extra High Functioning* ――超意識、スーパーヒーリング、超具現化）について述べています。この時、胡大佐という人物が時間を加速させ、観客が手にしていた1000個以上の花のつぼみをわずか30分で開花させたのです。

中国の「ミサイルの父」「宇宙開発の父」と呼ばれた銭学森《せんがくしん》は、1936～55年までの間にカリフォルニア工科大学で博士号を取得し、ジェット推進研究所の設立やマンハッタン計画に参加し、アメリカ有数のロケット科学者として地位を確立しました。しかし銭はその才覚にもかかわらず、その後マッカーシズムに巻き込まれ、中国に強制送還されます。

帰国した銭は、20世紀の中国の科学的・技術的進歩を支えた偉人に数えられるようになりました。彼は中国全土で様々な計画を実施し、大学の理系教育を推進しました。この時期、銭はマインドで物質を操る力を持つ特殊な人民、すなわち「スーパーサイキック」の実演会に出席し、以後、こうした能力を解析すべく、多くの大学に研究所を設立しました。

銭は次のように述べています。

「この現象が本物だとすれば、今までの科学認識はすべて間違っていたことになる」

こうした能力者の一人に孫儲琳《そんちゅうりん》が挙げられます。農業研究所に勤める孫女史は、EHF（超人的能力）を使って限界地農業用の丈夫な原種を開発しています。乾燥種子の前でトランス状態になり、従来とは異なる時空間に入ると、通常は発芽に3～4日かかるところが、わずか10分で長さ7～10センチほどの芽が出るのが確認されています。

ベネディクト会の修道士デヴィッド・スタインドル・ラストからレインボーボディ現象の調

査について持ちかけられると、ノエティックサイエンス研究所（ＩＯＮＳ）のマリリン・シュリッツ研究開発委員長は熱狂的反応を示した。レインボーボディとは、高度な霊的修行を積んだ人間が死を迎えた後、遺体が数日以内に消滅する現象を指す。……スタインドル・ラストは次のように話した。

「イエスの復活と同じ現象が他の人間にも起き、今日も起き続けていることを人類学的事実として確立することができれば、人間の潜在能力を全く新しい角度から見ることができるだろう」

スタインドル・ラスト自身は、修行を積んで深い叡智と慈愛のレベルに達したチベット高僧の話を聞き、レインボーボディに関心を持つようになったという。こうした高僧が亡くなると突如として空に虹が現れ、「その数日後、遺体が消滅すると聞いています」。

ノエティックサイエンス研究所レポート59番
２００２年３～５月

優れた瞑想や変容ワークは超常能力を高めることもあります。

では瞑想の上級者が、低波動の制約的現実から脱するべく高波動の超意識に入ったとき、何が起きるのでしょうか？

人間はこの現実に影響を与えられるのでしょうか？　答えはイエスです。

ヨガのマスターＢ・Ｋ・Ｓ・アイアンガーは、クンダリーニを「宇宙の神聖な力」と呼んでいます。

クンダリーニは、背骨、すなわちスシュムナの基底部にある最後の神経中枢にとぐろを巻く蛇として象徴されます。

クンダリーニがチャクラを上昇し、頭頂部にあるサハスラーラという1000の花弁の蓮華に到達した時、ヨギは宇宙の至高の魂と合一します。これはソースコードに入ることを意味します。この高波動のクンダリーニ現象は霊的変容と変化の基盤となります。

ソースコードを活性化すると内的世界をマスターし、ヨギや神秘主義者のように時間と現実をマスターできるようになるでしょう。そしてポジティブな変化を起こすのです。

クンダリーニ覚醒とは、各エネルギーセンターまたはチャクラで体感可能な生命力が目覚めていく自然なプロセスです。一つひとつのチャクラはゲートであり、これが活性化することで、強力な心理的・肉体的変容が起き、健康と幸福感が増幅します。真のクンダリーニ覚醒は各チャクラで一連の体験を引き起こします。

この強烈な変容のプロセスは、各エネルギーセンターを介して肉体とエネルギー場に刻まれた低波動のトラウマを解消してくれます。

クンダリーニはプラーナ、氣、生命エネルギー、蛇のエネルギー、神聖な力、光、意識、スピリットと呼ばれ、ヨガや瞑想、幻覚剤、薬草の摂取、エネルギーヒーリング、霊的覚醒、デトックス、体外離脱体験、臨死体験、松果体神経心理学によって自然に呼び覚ますことができます。

今日では、定期的な瞑想をすることで、健康を増進させることができます。

生理過程、行動過程の概日リズムは体内時計のネットワークによって制御されている。ほ乳類の場合、このネットワークの頂点となるマスタークロックは、視床下部の視交叉上核《しこうさじょうかく》にあたる。松果体によるメラトニンの夜間分泌は、視交叉上核の体内時計によって厳密に制御されている。概日系におけるメラトニンの役割については、そのいくつかが判明している。主要な産生ホルモンであるメラトニンは、視交叉上核で生成される時間的指令を、メラトニン受容体を発現する無数の組織に分配する。標的組織によっては、こうしたメラトニン信号なくしては毎日の周期性が欠落する場合もある。

P・ペヴェット

『健康への鍵：メラトニンの体内時計としての役割

The internal time-giver role of melatonin. A key for our health』

クンダリーニ覚醒は松果体を活性化します。瞑想を集中的に実践すると松果体の健康を維持し、霊性と健康と幸福感が向上することは注目に値します。

松果体は脳にある小さな内分泌器で、松果腺、上生体とも呼ばれます。松果体は脳の中央、2つの半球の間の視床上部近くに位置し、季節のリズムと概日リズムの睡眠パターンを調節する「メラトニン」というホルモンを分泌します。メラトニンはセロトニンから生成されます。

松果体は、古代の普遍的なシンボルである松ぼっくりの形をしています。

フランスの哲学者デカルトは松果体を「魂の座」と呼び、この内分泌腺を自身の松果体神経生理学と松果体神経心理学の研究や概念の中心に置きました。

今日、定期的な瞑想は健康増進を促しますが、松果体の機能は、無自覚の生活習慣に起因する高濃度の石灰化の影響を受けます。

松果体の石灰化は、スピリチュアルな進化、幸福感、健康に大きく影響する場合があります。石灰化とは何であり、身体にどんな影響を及ぼすのでしょうか？

１９９０年代、英国の科学者ジェニファー・ルークは松果体に高濃度のフッ素が堆積されることを発見しました。松果体の石灰化は、加齢や環境の有害物質にさらされることから始まります。これから瞑想を始め、健康を最大に増進させたい人にとって、この情報は励みになるとはいえません。

なぜなら、健康な松果体の最大の敵は、フッ素（フッ化ナトリウム）だからです。この有害物質は飲料水、オーガニックではない食品、歯みがき粉に含まれています。ワクチンに含まれる水銀、アマルガム（歯の詰め物）、加工食品、カフェイン、タバコ、アルコール、白砂糖も、石灰化の原因と悪化に繋がります。携帯電話、Wi-Fiなどのテクノロジーも、石灰化によるダメージを増大させ、早める可能性があります。

しかし朗報もあります。瞑想はメラトニン値を増大させ、健康や幸福感を増進させるのです。

メラトニンは体内時計の同期装置であり、フリーラジカルを補足する強力な抗酸化物質でもあります。また細胞膜や血液脳関門を楽々と通過し、他の抗酸化物質と連携しながら、それぞれの抗酸化物質の全般的有効性を向上させます。

メラトニンは、最も抗酸化作用が高いとされる脂溶性抗酸化物質ビタミンEの2倍の抗酸化作用を持つことが実証され、HIVやバクテリア感染などの感染性疾患や癌の治療に有効であるという研究結果も出ています。

メキシコのグアダハラにある社会保障協会生物医学研究センターで行われた研究によれば、メラトニンは多機能であるゆえに、理論的には脳の複数の箇所に介入し、アルツハイマー病の進行に伴う脳の変異を軽減する可能性があります。

『スピリットの分子、DMT *DMT, The Spirit Molecule*』（邦訳未刊）の著者リック・ストラスマン教授によれば、松果体は神秘体験や誕生と死の過程で「DMT（ジメチルトリプタミン）」と呼ばれる物質を放出します。DMT放出はシャーマン的な植物薬、明晰夢、ピーク体験、創造性、想像力と関連づけられ、人類が次のステージに進む際に重要です。

ローレンス・ガードナーは小説『失われた聖櫃《アーク》 謎の潜在パワー』（清流出版）で、松果眼または第三の目は「変異の目」であると述べています。

ヨガの教えや実践において、松果体は意識を覚醒させる上で重要な役割を果たします。ガードナーはさらに、ヒンズー教では誰しも額の裏に第三の目と呼ばれる聖なるパワーの経路があると信じられているとも述べています。この経路は悟りを得るための究極の源です。

古代エジプトの神秘学校のヘルメスの法則によれば、背骨の33個の椎骨をクンダリーニが上昇し、松果体を活性化させることで、AKHU《アクー》または霊的覚醒が達成されます。

初期のエジプト探検家に挙げられる9世紀のカリフ・アル・マアムーンは、ギザのピラミッドの王の間で、蓋のない石棺を発見しました。ただ、そこでケイ酸アルミニウムの粒があったことはあまり知られていません。

誕生の植物は（生命の木のように）あくまでも象徴的な木である。シュメール王名表（紀元前およそ2000年）に記された歴代の王たちは、この誕生の植物から滋養を得たとされる。この話はメソポタミアのGra-al、すなわち神々の黄金と呼ばれた至高の飲み物《ネクター》と直接の関連を持つ。神々の黄金とは、エジプトの女神ハトホルの称号である。

www.crucible.orgによれば、金コロイド（訳注　金のナノ粒子が流体中に分散しているコロイド）には、次の効能があります。健康体の人が摂取した場合、どんな恩恵があるかは興味深いところです。

●全般的な幸福感と活力の上昇
●病気に対する身体の自然免疫能の増進
●活力増進と長寿
●内分泌機能の改善
●肉体のリラクゼーション

●損傷したＤＮＡの修復
●関節炎の緩和
●痛みの緩和
●抗炎症作用
●抗鬱作用

金コロイドの服用によって、次のような症状に改善がみられました。

――関節炎、脳機能障害、癌、寒気、循環障害、鬱、消化系疾患、依存症、内分泌機能不全、身体のほてり、不眠症、寝汗、肥満、季節性情動障害――


金はエドガー・ケイシーの療法にも使われ、特に多発性硬化症、リューマチ性関節炎、アルツハイマー病、鬱病など神経系疾患や腺機能異常に対して処方されます。

エドガー・ケイシーはアメリカのスーパーサイキックであり、現在のヒューマン・ポテンシャル分野の父というべき存在です。ケイシーは催眠療法に大きな影響を及ぼし、アトランティスや古代エジプトに関する代替歴史的な見解は、今日の最も著名な研究家たちを感化し続けています。

では、もう少し詳しく見ていきましょう。


１９８８年に、「ORMEs（*Orbitally Rearranged Monatomic Elements* 軌道転位単原子元素）」と呼ばれる新たな遷移《せんい》金属がイギリスで特許申請されました。発明者のデヴィッド・ハドソンは、白い微粒子に見えるこの物質が遷移金属の単原子的形態を表し、その電子軌道が（そして核軌道さえも）転位されているると主張しています。

単原子元素は通常、金、銀、プラチナ、ロジウム、イリジウムなどの貴金属とされている。ここでは個々の元素が結合して分子を構成する。たとえば金《ゴールド》は、金属としての形態の時は6つの原子の結合から成るが、もう一方の形態においては一つの単原子から成る。

デヴィッド・ハドソンの仮説は次のようなものだ。

通常、金属として認識されるこれらの元素は、金属ではない単原子として存在するとき、超伝導特性を示す。元素に電流が流れても、実質的な電気抵抗が全くないということだ。ここで問題が生じる。ハドソンによれば、現代の電気テクノロジーでは超伝導特性を有する元素を探知することすら不可能だ。計測装置がその超伝導性に騙されるからだ。

ハドソンによれば、金の採掘者はホワイトゴールドと呼ばれる物質に魅了されてきた。この物質は金を採掘したあとに残る尾鉱《びこう》を指す。尾鉱に残されたこの神秘的な物質を大量に採取しようと試みた人は今まで大勢いたが、現時点で誰一人成功していない。何度解析を試みても、この物質は解析不能という不可解な結果に終わるため、研究室では未知の物質として分類されてきた。

単原子元素にはかなりの治癒力があることが判明した。単原子元素は人間の体内、特に神経系に存在する。多くの植物の分子内にも単原子元素が組み込まれている。こうした超伝導特性の元素を体内で増やすことができれば、身体の自然治癒能力も上がるという研究結果も出ている。

免疫系は一種の通信システムにすぎない。細胞間の情報伝達のスピードと効率を上げることができれば、身体は病気をより簡単に認識し、取り除くことができるだろう。

別の仮説によれば、単原子元素はＤＮＡ分子の歪みも取り除く。体内の生化学的機能という基盤に働きかけ、健康問題や疾病傾向を取り除くのだ。

細胞は神経系を介して化学物質や電流で情報を交換するだけでなく、光子《フォトン》を介した情報交換もしている。細胞内の光子《フォトン》が不足し、健康増進機能が乱れると、免疫系が病気を認識し、除去する能力が阻まれる。

単原子元素は細胞内の光子《フォトン》レベルを増進し、細胞の健康増資機能を再編成するようだ。

デヴィッド・ウィーラー博士

単原子ゴールド（Monatomic Gold）は、次のような変容や現象を加速させるといわれています。

●若さと活力の回復
●松果体と第三の目の活性化
●次元やソースコードへのゲートを開く

●思考の瞬時の具現化
●過去世や転生のヴェールを取り払う
●類いまれな知識や気づきを呼び覚ます
●空中浮遊を可能にする
●アセンションを可能にする

では、この話は古代エジプトのネテルとどう関係しているのでしょうか？

ここで再びAKHU《アクー》と人間の宇宙的ひな型《テンプレート》の話に戻ります。


ハドソンがORMEsと名付けたものは、通常の元素と全く異なる物理的特性を持った新しい物質形態です。この白い粉は蛍光性の光を放ち、「輝ける者たち」に関する記述を連想させます。

こうした元素が放つ精妙なエネルギーが、先に述べた「輝ける者たち」の描写にあるように、肉体とエネルギー体を発光させるのかもしれません。

この精妙なエネルギーは、これまで聖霊、プラーナ、氣、生命エネルギーの名で呼ばれた、意識と肉体を繋げる微細なエネルギー場としてみることもできます。それは不老不死の飲み物「アムリタ・ラサ」とも呼ばれました。

ORMEsの元素の回転運動は、無の空間という流体を撹拌《かくはん》し、不老不死のネクターに変えるのかもしれません。「輝ける者たち」の途方もない寿命とオシリスの永遠性も、これで説明することができます。

現代科学によれば、この宇宙のすべての物質は常に回転しています。星は銀河の周りを回り、惑星は星の周りを公転しながら自転もしています。こうした天体の仕組みは、真空から生命エネルギーを生み出す宇宙のメカニズムと周期であり、ヘリオポリスの創世神話にも描かれています。

ミクロのレベルで見ると、原子以下の粒子は毎秒一兆回の速さで原子核の周りを回っています。細胞レベルで生命エネルギーを目覚めさせ、活性化させ、それを維持することができれば、至高のスピリチュアルな知性をマスターできるでしょう。

これこそが古代エジプト人が理解し、手に入れ、生ける神となるために利用した知識です。この知識は、今の私たちから隠されています。神々の黄金・ハトホルこそが、創造の根底に宿る力であり、時間を折り曲げ、人間の宇宙的ひな型をつくり出した古代の叡智とスーパーテクノロジーの背後にある力なのです。

第6章 現代的なシャーマニズム——スーパーテクノロジーの中へと旅する

世界中のシャーマンの慣しには、既存の低波動の気づきと全く異なる、多次元的な体験や理解の域が存在します。通過儀礼《イニシエーション》と訓練を受けたシャーマンは、正確な知識と波動とゲートを通してのみ、日常と多次元的現実の優れた仲介者となることができます。そして別世界へのドアを開き、あるいは他のシャーマンと共にアセンションの梯子《はしご》を昇ります。

シャーマンのプロセスには、通過儀礼的な死、トランス状態、身体の各部の切断、再生と復活、シェイプシフト（変身）、奇跡的な知恵と癒し、神秘的な幻視体験、明晰夢、アストラル界への行き来、体外離脱体験があります。

訓練を受けたシャーマンは先祖や神々と交信し、数多くの現実や次元を行き来します。こうしたテーマは、古代エジプトにも見られます。

古代エジプトでは魔術師や神官、ヒーラー、巫女、ファラオが、伝統的シャーマンの役割を果たしました。ギリシャの哲学者プラトンも、古代エジプトの神官セクヌフィスのもとで13年間学んでいます。

エジプトのシャーマニズムは部族的シャーマニズムとは全く異なる、人間の宇宙的ひな型《テンプレート》であり、人間の宇宙的テクノロジーです。それはイクナートンとツタンカーメン以降、衰退の一途を辿ったかつてのエジプトの超王朝のひな型であり、古代エジプトを探求する際に最も心ときめく部分です。

古代エジプトにおいて**人間の宇宙的ひな型「AKHU《アクー》」**は重要な概念です。AKHU《アクー》はヘルメス主義やグノーシス派の教えにも登場します。

オシリスは死と再生という独特のシャーマン的プロセスを表し、死と復活と再生の神話にまつわる通過儀礼的な儀式と関係しています。古代エジプトのすべてのファラオは、生前は生けるホルスとみなされ、死後は生けるオシリスとみなされました。

ファラオの行ったセド祭は、王位の再生と若返りを表す重要な祭事であり、30年周期と関係しています。

セド祭では雄牛が供物を踏みつけ、それをロバが運び去りますが、これはセトがオシリスに服従したことを表しています。ジェド柱の上昇はセトの力が消滅したことを表し、その後、さらなる供物が「ホルスの眼」として捧げられます。ファラオの戴冠式には、永遠の環を象徴するシェンの輪または2本の羽根のついた王冠が用いられます。

これは「輝ける者たち」に関する描写を思い起こさせます。神官たちが「ホルスの眼」への詠唱を唱える間、AKHU《アクー》たる王は神聖な供物を食します。AKHU《アクー》の状態はホルスとオシリスの区別がつきません。これは実に魅惑的な、無限の錬金術と再生のプロセスです。

元来、セド祭の密議はピラミッドの中で行われていました。ここで再びギザのピラミッドが造られた目的に繋がります。

古代エジプトの宗教的文書『ピラミッド・テキスト』は、梯子またはジェド柱は王の上昇の手段のひとつだったと記しています。梯子も、王が鳥の姿に変わるイメージも、セド祭の特色のひとつです。オルペウス教の「神秘の梯子」も、天国への上昇を象徴しています。

その根底にあるのは、シャーマニズムです。

『ピラミッド・テキスト』によれば、天空の梯子はラーとホルスによってつくられ（306章）、天と地を繋いでいます（307章）。ムネヴィスの雄牛として知られる太陽の雄牛は、本源たるラーの尽きることない創造性を表します。

ピラミッド・テキスト
©kunar/PIXTA

ここにも「輝ける者たち」との繋がりが見えてきます。サッカラにあるウナス王のピラミッドの地下室の壁に刻まれた『ピラミッド・テキスト』は、世界最古の宗教的文書に数えられ、ファラオだけのために作られました。

ジェイムズ・P・アレン著『古代エジプトのピラミッド・テキスト *The Ancient Egyptian Pyramid Texts*』（邦訳未刊）によれば、そこには紀元前およそ2400～

2300年の出来事が記録されています。

『ピラミッド・テキスト』には、当時のエジプト人が現在のレバノンにあった古都ビブロスのセム系カナン人に魔術的な支援を求めたことが記されています。

ヘブライ大学の教授であり、ヘブライ語アカデミー会長モシェ・バッシャールは、これについて2010年に次のように述べています。

「これは何よりも重要な発見だ。『ピラミッド・テキスト』のほぼすべての言葉が聖書にも記されている」

今まで除外されてきた古代エジプトの真実を探求する上で、これはワクワクするような証拠です。紀元前およそ2400〜2300年から180年経過した頃には、『ピラミッド・テキスト』はもはや当初のようなかたちで使われなくなりました。それでもなお、この古代文書はピラミッドの高度なアセンション・テクノロジーについて魅惑的な洞察を提供してくれます。至高の意識とテクノロジーを見事に繋げる真実の情報を無視する理由はありません。

では、アメンホテプ3世がセド祭を行ったエジプト第18王朝へと時間を進めましょう。

ハトシェプスト神殿近くに、王妃ティィの領地や財産の管理をまかされていた家令ケルエフの墓があります。この墓の壁画には、セド祭でアメンホテプ3世とハトホル神が玉座に座る様子が描かれています。ここで王妃ティイは、王とハトホルの側で上下エジプトの王冠を被り、2匹のコブラと共に艶やかな姿で立っています。頭にはウラエウス（蛇型紋章）を巻き、長い羽根のついた角の被り物を身につけています。

ティイは蛇の力を象徴する王妃です。彼女はイクナートンの母であり、おそらくツタンカーメンの祖母でもあるのです！　それなのに、この蛇の力は歴史に埋もれてしまいました。

セド祭では、王と王妃、ハトホルの３つ組が王の若さと活力を復活させます。ここで人間の寿命を変える「輝ける者」の能力と若返りとの関連性に注目してください。

王はいったん冥界に入り、それと共にエジプト全土の活力が復活します。

ここで「黄金」（ハトホルの別名）が夜の蛇の女神として召喚されます。王を東の空に運んで復活させることを懇願された「黄金」は、夜明けと共に王に新たな生命を吹き込みます。

ハトホルの息子イヒは機智に富んだ楽師であり、若い雄牛に象徴されます。イヒは「黄金の子供」と呼ばれ、太陽の日周運動と共に生まれ変わることに関係しています。

古代エジプトの葬祭文書『死者の書』の１０９章の挿絵には、東の空で王の復活を助けるために、ラー・ホルカティの前に立つ若い雄牛が描かれています（これは出エジプト時代のイスラエル人と関係しています）。

マアトの化身である王妃は、王が復活する際に重要な役割を果たします。王妃ティイは「ラーに従うマアトの如し」と描写されています。マアトは真実と正義と道徳の原理を表し、ハトホルと合一した場合、人間を導く美しく輝かしい原理となります。

セド祭において、王妃は夜明けと共に新しい生命をもたらすべく、ハトホルの力を操り、指揮します。セラビト・エル・カディム神殿の守護神として知られるハトホルは、黄金の家に関係する太陽神であり、美と音楽と性愛の女神です。ハトホルはエジプト最古の記録に数えられるナルメル・パレットにも登場し、唯一、顔が正面を向いて描かれている女神です。ハトホルは次のような存在として知られています。

●牝の鷹
●黄金の牝牛
●イチジクの木の貴婦人
●プントの偉大なる貴婦人（香と黄金とミルラの守護神）
●王の敵に有毒な炎を吐く毒蛇

ハトホルは物語にも登場します。

原初の混沌の中からスイレンの花が咲いた時、花弁の中にいたラーは目を開け、さめざめと泣きました。この時、地面に落ちた涙が美しい女性の姿に変わり、彼女は「神々の黄金」「デンデラの女主人、偉大なるハトホル」と名付けられました。

オシリスの神話

ギリシャの歴史家プルタルコスの記述によれば、ある時オシリスはエジプトを離れ、妻であり片割れのイシスが留守を守っていました。しかし、その間、弟のセトは共謀者を集めてオシリスの暗殺を企てたのです。この時、セトはエチオピアの女王アソの協力を得ました（アソは南から吹く熱風を象徴しています）。セトは密かにオシリスの身体の寸法を測り、それに合わせて木箱を作りました。

セトは宴の席で木箱を披露し、箱に身体がぴったり収まる人にそれを贈呈すると約束しました。木箱に身体が合うのは当然、オシリスしかいません。オシリスが中に入ると、セトはバタンと蓋を閉め、オシリスを閉じ込めたまま海に流してしまいました。この時、オシリスは28歳でした（ここで月の28日間の周期との関連性がみられます）。

イシスはオシリスを求めてありとあらゆる場所を彷徨いました。そしてついにナイル川の河口に辿り着き、木箱がビブロスに流れ着いたことを知ります。

イシスはビブロスに向かいました。流れ着いた木箱からは立派な木が生えてきたため、箱の入ったまま王宮の柱にされていました。イシスはツバメに変身し、柱の周りを飛んでいると、それを見たビブロスの王と王妃が、木箱を回収することを許しました。

イシスは近くの砂漠に木箱を隠しますが、セトにそれを発見されます。セトは木箱を開け、オシリスの身体を14の断片に切り刻んでエジプト中にばらまきました。

エジプトの行政区《ノーム》には、オシリスの身体の各部分に対応するセラペウムが建てられました。14の断片のうち、イシスが唯一、見つけることができなかったのが陰茎部です。このためイシスは黄金の代用品をこしらえました。こうして復活したオシリスは、その後、セトからエジプトを守るべく、息子ホルスの訓練に勤《いそ》しみました。

ここで**再生と復活の奇跡をもたらす女性性のパワーに注目しましょう。**

輝ける者たち

オブライエン夫妻は著書『少数の天才、エデンの園を作りし者たちの物語 *The Genius of The Few, The Story of Those who Found the Garden in Eden*』（邦訳未刊）で、「輝ける者たち」について言及しています。それによれば、「輝ける者たち」は紀元前およそ9300〜8200年にかけて現在のレバノンに定住し、農業共同体と教育センターを設立した、超高度の文明と技術を持った集団です。

紀元前およそ5500年になると、「輝ける者たち」は「エデンの園」（またはカルサグ）を離れ、エジプト、スカンジナビア、イギリス、アイルランド、フランス、イタリア、ギリシャ、クレタ島、キプロス、中国、日本へと離散しました。オブライエン夫妻によれば、「エデンの園」は現在のレバノンのヘルモン山（アラビア語ではジャバル・アッシャイフ）から12キロ北にある、ラシャヤ南の盆地地帯にありました。

松果体の科学は「輝ける者たち」とどんな関連を持つのでしょうか？

松果体は人類の知性を高め、今の世界とテクノロジーを次のレベルへと再編させる、驚異的な健康状態への鍵を握るのでしょうか？

オブライエン夫妻によれば、「カルサグの九柱神」は至高の者、スピリットの主、そして7人の大天使から成ります。この9人一組の神々はエジプトのヘリオポリス（またはオン）の大九神と関連しています。

ファラオの時代、ギザのピラミッドの北東に位置するヘリオポリスは、天文学、幾何学、医学、歴史学、哲学の中心地として栄え、古代世界の高等教育の頂点にありました。

ヘリオポリスの高級神官は「観察者の長」「最も偉大なる予見者」と呼ばれました。これは明らかに超覚醒《スーパーアウェアネス》の探求に繋がっていく話です。

日本を訪れた際、私は日本における「輝ける者たち」の生きた遺産に出会いました。

現代の日本神道は「神の道」と呼ばれ、日本の皇室によって守られています。神道では「天照大御神」と呼ばれる太陽神が最高神として祭られ、その中心地である伊勢神宮はまさにエデンの園の型のもとにつくられています。天照大御神はアーキタイプ的な地球の母《アースマザー》として、エジプトのイシスや「輝ける者たち」の大地の女神「ニンフルサグ」と関連づけることもできます。

私が訪れた岐阜県の金山巨石群は、日本で初めて考古天文学の調査が行われた遺跡です。現在は、アメリカの大学の協力のもと、この巨石群とエジプトのソティス暦とシリウスのヘリアカル・ライジング（訳注　日の出と共にシリウスが地平線に輝き始める初日）との関連性が調査されています。シリウスはイシスとハトホルと繋がりを持ち、夏至が終わった後のシリウスのヘリアカル・ライジングは、この時期のナイル川の氾濫とも関連しています。

「輝ける者たち」は「生命の木」と「理解の木」に関して類いまれな知識を持っていました。彼らの長寿と健康を理解する鍵はここにあるのかもしれません。

エジプトのシェムシュ・ホル（ホルスに従う者）と同じく、「輝ける者たち」は地質学、人類学、天文学に驚くほど精通していました。身長2メートルを超える彼らは「見張りの者《ウォッチャー》」とも呼ばれ、世界中の巨人伝説や神話のもととなっています。

紀元前およそ5500年の先王朝時代、オシリスはアヌンナキまたは「輝ける者」として他の3人のアヌンナキ（トート、アヌビス、ウプアウト）と共にエジプトに渡りました。その後、オシリスとイシスは約4000年にわたって人間に農業とスピリチュアルな伝統を教えました。この話はメソポタミア神話に登場する神である、エデンの園（カルサグ）のエンリルとニンリルと密接に関係しています。ニンリルは世界中の女神や母のアーキタイプとされています。

クンダリーニが覚醒すると、背骨の基底部で聖なる力が目覚め、各チャクラを順番に上昇しながらクラウンチャクラに達します。ヨギまたはシャーマンは宇宙の至高の魂とひとつになります。通過儀礼を受けた「輝ける者」は全身が光り輝き、燃えるような目をしていたとされています。彼らの言葉で聖者を意味するグリシュGURISHは、現在のグルGURUという言葉の語源になっています。

こうした「天使」は実は高度に進化した人類であり、それが普遍的な神話となって後世に語り継がれたのでしょうか？

EL　輝く（シュメール語）
ILU　まばゆい者（アッカド語）
ELLU　輝ける者（バビロニア語）
ELLYC　輝く存在（ウェルシュ語の古語）
AILLIL　輝く（アイルランド語の古語）
EL　天使（コーンウォール語の古語）
EL　輝ける者（ヘブライ語）

さらに役に立つ天使の情報

●エデンの園（カルサグ）の天使たちは、1つ目の蛇、アヌンナキ、エロヒム、エンゲリ、農耕の主と呼ばれ、世界各地の伝承にあるアプ・カル・ル、ジニー、ジン、マラク、ハネシム、トゥアハ・デ・ダナーン、蛇、ドルイドと関連性を持ちます。

●「至高の者」はアヌンナキの最高司令官、「輝ける者たち」のリーダー、「ヤハウェ・エロヒム」と呼ばれ、世界各地の伝承でアン、アヌ、プタハ、ナウ、ウクキリ、ブンジル、プルガ、アラー、アーメン、バアル、バアル・ハダド、ベル、マヌ、マニトゥ、マンコ・コパク、エル・シャダイ、エル・エルヨン、ケツァルコアトルと関連づけられます。

●「スピリットの主」は農耕の主と呼ばれ、エンリルであり、オシリスでもあります。アヌンナキは鋤《すき》を使う人々として知られていました。

●7人の大天使は2つ目の蛇、アヌンナキの評議会、エロヒム、上位の教師と呼ばれます。

●大天使ガブリエルはカルサグの統治者、ニンニル（またはニンフルサグ）、イナンナ、ベリト、イシス、ネイト、ママ、カーリ、カー、コタトリクエ、蛇の貴婦人、天界の女王と呼ばれ、あらゆる地球の母《アースマザー》のアーキタイプを表します。

●大天使ウリエルは「土地の主」エンキです。

●大天使ラグエルは太陽と知恵と法則の主であり、ウトゥ、ウグマシュ、シャマシュ、オギムス、オグマ、オグとして知られています。

●大天使ミカエルは警備隊長です。

●大天使ラファエルは医療隊長です。
●大天使サリエルは見張りの者の代表です。
●大天使レミエルは指導監督です。

この話はヤハウェを介してイクナートンや、それよりさらに前の、ラーとアテンの描写へと繋がっていきます。

「輝ける者」の一人、ヤハウェは、紀元前1200年前後の出エジプトの時代から紀元前539年のバビロニア帝国の崩壊に至るまで、ヘブライ語の文献に繰り返し登場します。

オブライエン夫妻は、広範囲にわたる研究の結果、ヘブライ国家は選民的手順によって作られ、エデンの園とノアを辿ると述べています。

ヤハウェによる「選ばれし民」の移動は、アブラハムの父テラの時代に始まりました。テラはメソポタミア地方（古代シュメール）のカルデアのウルに生まれましたが、紀元前2000年頃にハランに移り住みました。

テラの死後、ヤハウェはテラの息子アブラハムの家族を約束の地カナンへと導きます。これは「輝ける者」の長い寿命があったからこそできたことです。この介入によって、年老いたアブラハムと妻のサラは息子を授かりました。

その後、ヤハウェは出エジプトの時代に至るまで、500年以上にわたってアブラハムの家系を注意深く見守ることになります。

旧約聖書の外典とされるエノク書には、「輝ける者たち」に関する記述が見られます。マートン大学特別研究員R・H・チャールズの翻訳によるこの古代文書を読むと、そこには非常に興味深い歴史の一片が綴られています。

エノク書は西暦325年頃に使われなくなり、その後、エチオピアで発見されるまでほぼ1500年の間、忘れられていました。エノク書には、エノクがエデンの園で「輝ける者たち」と過ごした日々について詳細に記述されています。

エノク書は太古の昔に存在した、途方もなく技術の進歩した黄金時代を記述したものです。エノク書によれば、モーゼの契約の箱は「ヤハウェの大いなる天幕」の中に置かれていました。契約の箱はやがてセム語圏全体の祭壇や神殿の型となり、エルサレムのソロモン神殿という形で頂点を迎えます。ヤハウェの天幕の上に浮かぶアリエルの乗り物に関する記述は、神話のホルスとセトの争いに登場する「ホルスの目」を連想させます。ヤハウェは身の丈が2・4～4メートルあったとされています。

それは威厳溢れる存在だった――彼の着物は太陽より明るく輝き、雪よりも白かった。どの天使も部屋に入ることを許されず、尊い従者のうち誰一人として彼の顔を見ることはできなかった。肉体が耐えられないためだ。彼は燃え盛る炎に包まれ、誰も近づくことができなかった。

エノク書13章9～25節

また、旧約聖書には次のような一節があります。

モーゼは青銅の蛇をつくり、それを杖の先につけた。蛇に咬まれた者がその杖を見ると、誰もが回復した。

民数記21章4～9節

この描写は、現代医療と癒しの象徴であるカドゥケウスのシンボルと見事に合致します。

ヘリオポリス

おお、オン（ヘリオポリス）の大九神よ。アトゥム、シュウ、テフヌト、ゲブ、ヌウト、オシリス、イシス、セト、ネフティスよ。アトゥムの子らよ、九神の名にかけて、王にアトゥムの善意を送りたまえ。

ピラミッド・テキスト　１６５５節

では、最後のファラオであるイクナートンは、「輝ける者たち」や太陽神ラーの信仰とどんな関係にあるのでしょうか？

アブグラブとヘリオポリスを繋ぐものは一体何でしょう？

ピラミッドの形をしたベンベン石は、のちの古代エジプトのすべてのオベリスクの原型といえます。

当初、ベンベン石が鎮座していたヘリオポリスの神殿は「フェニックス（またはベニュー鳥）の館」

と呼ばれていました。

この話は「歳差運動」と呼ばれる宇宙の周期（または地球の時代）と関係しています。

この知識はヘリオポリスの創世神話や、古代エジプトの「最初の時」ゼプテピの神話を通して神々から継承された遺産といえます。ゼプテピとは、かつてネテルが地上で暮らしていたはるか太古の時代を指します。ネテルは「輝ける者たち」の生ける遺産というべき存在です。


ヘリオポリス創世神話によれば、水から生まれた「完全なる者」「未だ存在しない者」アトゥムは、原初の丘に立つと、最初の対となる宇宙の神々、シュウとテフヌトを生み出します。するとまばゆい光の領域ができ、「成る者」ケプリが東の地平線に出現します。それから宇宙が現れ、シュウとテフヌトの間に空の女神ヌウトと大地の神ゲブが生まれます。ゲブとヌウトが完全に分離したあと、オシリス、イシス、セトとネフティスが天の子宮から生まれます。


アリソン・ロバートの研究には、両性具有の創造主アトゥムが魅惑の女神に興奮させられるという興味深い記述があります。

アトゥムの強力なパートナーであるヘリオポリスの女神たちは、後世になると、しばしば意図的に創世神話から抹消されました。これらの女神はイウサアースとネベトヘテペトであり、ハトホルと関係しています。これは母性のアーキタイプが創世神話に不可欠であることを立証しています。母娘を表すこの2人の女神がいなければ、宇宙も種も存在することができません。二元性があって初めて、生命が闇から光の世界へと生まれ出て、原初の始まりから命が出現するのです。

このあまりにも重要なひな型は、意図的に抹消されました。聖なる女性性は、現代に欠かせないスピリチュアリティと平和と進化のひな型でもあります。

ヘリオポリスの九柱神はアトゥム、シュウ、テフヌト、ヌウト、ゲブ、オシリス、イシス、セト、ネフティスから成ります。

アトゥムを起源とするヘリオポリスのベンベン石は、創造の本源にいっそう近づくための手がかりです。イクナートンでさえ、カルナックに建造した太陽神殿を「ベンベン石の館」と命名しています。これはイクナートンが「輝ける者たち」の知識や通過儀礼に精通していたことを示唆しています。

ラーに至る旅は、聖なる女性性を通してのみ可能です。

これがソースコードへの旅です。これこそが、地球のほぼすべての人々を長きにわたって蝕んできた争いと生き残りのモードを超え、進化と変化の新たな高波動を理解し、体験するための道です。

アトゥム・ケプリよ、汝、小高い丘でベンベンとなって光り輝く。汝、ヘリオポリスの神殿でシュウを噴き出し、テフヌトを吐き出す。汝、シュウとテフヌトをカーで包み、汝のカーが2人の中に入る。

ピラミッド・テキスト1652〜3節

ヘリオポリスの神官団シェムス・ホル

古代エジプトのヘリオポリスの神官たちは、「輝ける者たち」と同様に、預言、天文学、数学、建築学、魔術、芸術に精通していました。

ヘリオポリスのベンベン石は永遠の現実と賢者の石と関係しています。賢者の石は、私たちを内なるキリストのひな型「AKHU《アクー》」と繋げてくれます。

このソースコードのひな型を見つけ、活性化させることで、現代生活を大きくスケールアップさせることができます。

AKHU《アクー》は単なるストーリーではなく、人生と世界を変えてくれる高い波動なのです！ この他にも、次のような非常に興味をそそられる関連性があります。

●AKHU《アクー》は、この宇宙のキリスト的なひな型です。

●古代エジプトの第1王朝の王の名前はAKHAです。これは本当にワクワクするような情報です！ キリスト誕生以前の歴史を紐解いてみましょう。

最古の記録のひとつであるパレルモ石には「ウジャトの家」（訳注　先王朝時代における下エジプトの首都）を統治したアマジグ系の王たちを含め、第1王朝（およそ紀元前2920年）以前の120代にわたる王の系譜が刻まれています。Wadjet《ウジャト》はホルスの目のシンボルです。Wadj

のヒエログリフは先に述べたオシリスの神話に端を発します。太古のデルタ地方にはDjedu（のちのブシティス）と呼ばれる町があり、そこにはDjedehuジェデフ（または柱の民）と呼ばれる先王朝時代からの羊飼いたちが住んでいました。Djeduはのちのペル・ウシレ（オシリスの家）となりました。

●両翼を上げたタカによって象徴されるHERまたはHORUSは、古代エジプトにおけるファラオの強力な統治を表すシンボルです。HERはのちにHORUSに進化し、「輝ける」と訳することができます。**ホルスは光とまばゆいばかりの輝きを表す重要なシンボルであり、「輝ける者たち」と繋がる生ける系譜を内面につくり出します。ホルスはあなたの光とまばゆさそのものであり、**最も古い信仰と繋げてくれます。

●「アテフ」と呼ばれる牡羊の角でできた冠は、オシリスがマアトの内なる祭壇で永遠と不死の象徴として冠《かぶ》るものです。マアトは真実と正義と宇宙の秩序と同一視されます。この夢の領域には聖なる女性性の叡智に至るためのゲートがあります。

●マアウ・タウイ MAAU-TAUI とはすべてのネテル、すなわちすべてのソースコードを内包する聖域です。この内なる聖域は2頭のライオンによって守られています。1頭は昨日のライオン、もう1頭は明日のライオンです。

大いなる人類と世界への梯子（または道）は、マアトの原理によって統制されています。この梯子について見聞があったとしても、中に入れるとは限りません。参入への原理を理解することは、超意識と超変化への鍵です。

●興味深いことに、ホルスは「ジェバの主人」「ネイトの血」「ダドゥの家」とも呼ばれています。セド祭において、ジェド柱は永遠と不死の柱と見られていました。セド祭ではホルスの象徴がジェド柱の上に落ち、永遠の柱を守ります。これが永遠性と神性の失われた知識であり、スフィンクスの目的とギザのピラミッドの役目を思い起こさせてくれます。

●北アフリカの先住民アマジグ族（ベルベル人）の信仰する星の世界は「アクアク AKH-AKH」と呼ばれます。アマジグ族の祖霊 AKHU《アクー》 の語源 AKH は「霊《スピリット》」と訳することもでき、エジプトの力のシンボル「アンク ANKH」の語源としても考えられます。
この話は私たちを天空の起源と繋げ、人間の宇宙的ひな型を探求する旅へと誘います。それを念頭に置いた上で、輝かしさを爆発的にスケールアップさせましょう。何とワクワクすることでしょう！　こうした証拠の数々が全く新しいストーリーの方向性を示しています！

第7章
タイムトラベルのできる時代

私は冬の太陽の下、様々な人物や色彩、馬、ラクダでごったがえす魅惑の風景の中を歩きながら、ようやくひとり静かに座る場所を見つけた。この広大な景色はまるでタイムマシンのようだ。

私はクフ王のピラミッドの西面に腰を下ろした。ここからカフラー王のピラミッドまでは歩いてわずかだ。石灰岩のブロックの深い溝に身体をまかせながら、私は大ピラミッドの底辺から頂点へと意識を走らせ、その波動と歴史、ひな型《テンプレート》、ストーリーを確認した。人類の次なるひな型は地球の歳差運動によって示される。

私は世界の現状を目にしている。なぜなら大ピラミッドには人類の今までの歴史がすべて記録されているからだ。ピラミッド底部の構造は人類に必要な癒しを明白に反映している。

そして次のひな型は、ようやく遅れを取り戻した人類が、信じられないようなスピードで加速していくことを物語っている。それが来たるべき世界のビジョンだ。

ここで2つの相反するストーリーが衝突する。この正確なタイムマシンに組み込まれた人類の宇宙的ひな型を前に、私はそれがいかにしてエリートたちによる支配構造によって隠蔽《いんぺい》され、抹消されてきたかを幻視する。

この巨大で、無限の、平和に満ちたひな型は意図的に隠されてきた。この故意の操作ゆえに、今や何千年分もの感情ヒーリングと覚醒を必要としている世界がここにある。人類の制約的ひな型は、幻想と愛、金、そして一人ひとりの神聖なる力さえも追いたて、牛耳り、支配してきた。この神聖なる力こそ、自分と世界を変えるための究極にして無償のエネルギー源だ。

私は過去の苦難の数々を思い出した。そこには深く感情的な筋書きがあり、どれも人類共通のストーリーを反映していた。

そして今、私の感情は癒されていく。大ピラミッドに深く身を預けると、より大きなひな型のビジョンが私の全身に押し寄せる。それが唯一の自由への道だ。

人類の歴史を記したこのタイムマシンは、歳差運動の今の周期を増幅し、より良い道を呼び覚まし、速めるようにつくられている。ここには時間の秘密や、かつての強大な古代人の痕跡が残っている。それがどうなってしまったのだろう?

大いなるタイムマシンには人類が辿った歴史と旅が記されている。その情報はここに刻まれているのだ。

そして今、タイムマシンは地球と人類を純化し、変容させている。このテクノロジーが理解できれば、私たちの集合的ストーリーはもっと早く変わるだろう。

古代人はこの時代に必要な驚異的解決法を残してくれた。この大いなる遺産に気づいた途端、波動がさらに上昇し、私はより大きな真理に気づいた。そしてハートが目覚め、いつしか私は空を飛んでいた。すべてを見るラーの目に抱かれながら、地球の進化が極まって大ピラミッドの頂点、すなわちベンベン石が解き放たれようとするのが見えた。

フェニックスに象徴されるベンベン石は人類の次なるひな型だ。これこそが待ちわびた変化だ。神性は気づきをあらわにし、気づきは癒しをもたらす。しかし古いひな型は今なお存在する。

大いなるタイムマシンはこの背後にある目的を教えてくれた。肉体や、人生の課題、人類に意図的に課された制約のひな型は、重りとして働き、新たなひな型に途方もないスピードで突入する推進力となる。

この新たな宇宙的ひな型は今までのあり方や過去の歴史を認識して、受け入れ、故意に未完成となった個人と人類の歴史とビジョンを癒してくれるだろう。

そして今、大勢の子供たちが私に駆け寄って歓迎する様子も大ピラミッドに記録される。私を取り巻いた100人あまりの子供たちは、みな熱心に話しかけ、写真を撮り始めた。子供たちの魔法のような活気は引率の教師にも伝わり、彼らも私に声をかけた。大人の沈黙は簡単に破られた。日常を愛するというこのストーリーの中で私は心の高揚を覚え、いったん書き物を中断し、この愛に満ちたまぶしい子供たちと過ごす時間を取った。世界のための希望が今、目の前にあった。この世界はこんなにも無償の愛に溢れている。

スフィンクスが呼んでいる。エジプトは「アラブの春」以前の慌ただしさに戻ったが、何かが少し変わった。現世代のエジプト人は、生まれて初めて古代遺跡の存在に気づいたかのようだ。彼らは素直な心と遺跡への強い関心がゆえに、見えないパワフルな宇宙のひな型の中へと難なく入っていく。初めての体験に心躍らせる、その純粋な気持ちが、古代のピラミッド群を生き生きと活性化させるのがわかる。

それに比べて、数少ない外国人観光客は明らかに生彩に欠ける。新世代のエジプト人は未来への夢に胸を膨らませ、生き生きと愛に満ちている。革命後の苦しい時代にもかかわらず、そこには感謝と希望に満ちたストーリーがある。

ギザのピラミッド群の東寄りの中心部に建つ壮麗なスフィンクスは、英雄の道を示すために造られた。英雄の道はカフラーの力を解き放ち、女性原理を呼び覚ます。

この広大な遺跡群が振動しながらバランスを保っているのがわかる。どの遺跡も独立しておらず、互いに繋がり、複雑な相互依存関係にある。未経験者が狭い視野で分析しても、この意図的な手がかりは見落とされがちだ。この場にある知識は多次元的で、互いに密接なつながりを持っている。

スフィンクスは大いなるタイムマシンの永遠の動力源だ。このパワースポットは私のハートを開いてくれる。

私はスフィンクスの前足の間、ハート、そして現在のメッカのある東方を向いた第三の目から巨大なポータルが開くのを幻視した。沈黙を強いられてきたスフィンクスが、人類の過去の秘密について語る時が来た。
『エメラルド・タブレット』にも登場するスフィンクスの永劫の力は、人類を永遠のスピリチュアルな道へと導いている。それは真理の道であり、ポジティブで善良な道だ。

私は静かに座り、辛抱強く待つことにした。この種の知識は力づくで得られるものではない。地球の重力を肌で感じ、生きている実感があった。

「昨日と今日のライオン」は、私たちの未来の太古《いにしえ》の起源を教えてくれる。それが人類を超スピードで加速させ、過去の過ちを高速で解決し得る方法だ。それは時間を折り曲げるということだ……革命後のエジプトは不死鳥《フェニックス》のごとく急速な復興を遂げている。すべては希望に溢れ、創意工夫に満ちた方向、ポジティブで善なる方向へと向かっている。

２０１４年11月

夢の領域には「マアウ・タウイ MAAU-TAUI」へのゲートがあります。マアウ・タウイとは、すべてのネテル、すなわちすべてのソースコードを内包する聖域です。この内なる聖域は「昨日のライオン」と「明日のライオン」によって守られています。

大いなる人類と世界へと梯子《はしご》（または道）は、マアトの原理によって統制されます。

ヘリオポリスの創世神話によると、アトゥムはシュウを生み出し、シュウはその片割れのテフヌトと共に大地の神ゲブと天空の女神ヌウトを生みます。ヌウトが星々を飲み込んだ後、シュウはゲブとヌウトを引き離します。

シュウは、「王がシュウの湖の中で変容する」というくだりで『ピラミッド・テキスト』にも登場します。シュウは光と関係しているため、アテンに組み込まれています。

アテンは永遠性と関係し、「マアトの王子」とも呼ばれます。

マアウ・タウイの聖域において、シュウは昨日と明日のライオンを繋ぎとめるライオンとして象徴されます。このことから、シュウの原理は過去や未来にタイムトラベルする助けになるといえます。シュウの片割れはアトゥムの娘テフヌトであり、純粋な水を生み出す存在として知られます。テフヌトはライオンの頭を持った蛇として描かれることもあり、永遠性を司ります。

『ピラミッド・テキスト』に記されたゼロポイントに入る方法とは、一体何でしょうか？　それはマアトの原理によって説明が可能です。次の情報が参考になるかもしれません。

医療ジャーナリストであるリン・マクタガートは自著『フィールド　響き合う生命・意識・宇宙』（河出書房新社）で、ハル・パソフという天才的なレーザー物理学者に言及しています。パソフは真空から無限のエネルギー源を抽出する方法の開発に資金援助を受けました。１９７３年当時、パソフは地球の現状を改善すべく、化石燃料に代わる新たな動力源を探す研究を始め、その結果、ゼロポイント・

フィールド（真空）を操作することを提唱しました。

真空は非常に活発です。ハイゼンベルグの不確定理論の通り、休止している粒子はありません。

この宇宙は量子の海を下部構造としています。フィールドとは空間中の2点を繋ぐマトリックス（母体または基盤）であり、ゼロポイント・フィールド（真空）は無限のエネルギー源（または光）のマトリックスです。

このマトリックスにおいて、すべての物質は波を介して互いに繋がっています。

すべての量子粒子はエネルギーを放出し、再吸収しています。これは実にダイナミックな均衡状態です――**この宇宙のあらゆる物質を繋ぎ合わせるゼロポイント・エネルギー（ソースコード）は、タイムトラベルへの鍵を握っています。**

クンダリーニ活性化において、ニュートラル・ポイントがソースコードの入口となるという考察を踏まえると、これは実に興味をそそられる情報です。それはタイムトラベルをする上で、また目覚めと変容を加速させ、古代と未来の情報に繋がる上で特別な鍵です。

波には情報が暗号化され、波状の素粒子には宇宙の無限の記録――時間と時間のない状態、始まりと終わりが刻まれています。

タイムトラベルとは文字通り、これらの波に乗ってすべての時間の母体《マトリックス》と記録に入っていくことです。

さらにパソフは、地球の引力さえ制御できれば、空中浮遊とサイコキネシス（念動力）は全く可能だと知っていました。

物質が安定性を持たないなら､世界中のシャーマニズムや『ピラミッド・テキスト』の「アセンションの梯子」にある通り、ゼロポイント・フィールドに入ることで他の情報やフィールドに入ることは可能です。

ゼロポイント・フィールドに入る方法がわかれば、時間や日常的現実を超えた膨大なエネルギーや未曾有の情報体系に繋がることができるでしょう。こうしたことは従来、神秘主義者やヨギ、予見者、幻視者、聖者、奇跡を起こすヒーラーの領域とされてきました。

しかし時間を折り曲げ、望む現実と未来をつくり出すことは、誰にも使える科学的、神秘的、スピリチュアルな現実なのです。私たちもハル・パソフに倣い、この地球をより良い場所にするためにも、ゼロポイント・フィールドという母体《マトリックス》と繋がり、人類と世界のためにポジティブなビジョンと責任ある解決法を見いだしましょう。

不思議なことに、現代人の意識はゼロポイント・フィールドに入って具現化を起こす設定になっていません。限界があるのです。

強力な通過儀礼《イニシエーション》や高度な霊的覚醒、クンダリーニ活性化のプロセスのみが、この飛び抜けた情報の本源や可能性に入ることを可能にします。すでに述べたように、これは神秘主義者やシャーマン、ヨギの領域です。

古代エジプト人は意識を定め、リセットする手がかりを残してくれたでしょうか？　それを知っていた「輝ける者たち」は、超人的「神」として現実と時間を具現化したのでしょうか？

もしそうなら、ソースコードを使って輝かしく生きることは可能です。

アルヴィン・パウエルは『ハーバード・ガゼット』（訳注　ハーバード大学の公式ニュースサイト）への寄稿文「ビッグバンを裏付ける *Backing the Big Bang*」で次のように述べています。

ビッグバンの痕跡を観測するために南極に設置された望遠鏡が、宇宙誕生の重要な瞬間を捉えた。この観測結果は、宇宙が瞬く間に小さな1点から、膨大なエネルギーと粒子のスープに膨張した最初の証拠となるだろう。アムゼン・スコット基地にあるＢＩＣＥＰ望遠鏡を使ったこの発見は、宇宙が誕生からわずか1秒以内に何十億回も拡張を繰り返したという「インフレーション理論」を強く裏付ける初めての証拠だ。インフレーション理論は１９８１年にマサチューセッツ工科大学の科学者アラン・グースによって提唱された。膨張の間、時空の質量は10の78乗倍に増えた。それはあまりにも急速で劇的な行程ゆえに、全時空に重力波のさざ波が広がった。それが約１４０億年後にＢＩＣＥＰの科学者チームによって観測されたというわけだ。

古代人は現代科学が２０１４年になってようやく探知したことをすでに知っていたのでしょうか？これはヘリオポリスの創世神話と最初の時ゼプテピの伝承を通して伝えられた神々の知識です。ゼプテピは、かつてネテルが地上を歩いていた太古の時代を指します。

ネテルは「輝ける者たち」の生ける遺産です。水から生まれた「完全なる者」「未だ存在しない者」アトゥムは、原初の丘に立ち、最初の対となる宇宙の神々シュウとテフヌトを生み出しました。するとまばゆい光の領域ができ、「成る者」ケプリが東の地平線に出現しました。そして宇宙が現れ、シュウとテフヌトの間に天空の女神ヌウトと大地の神ゲブが誕生します。ゲブとヌウトが完全に分離したあと、オシリス、イシス、セトとネフティスが天の子宮から生まれました。

続きはまだあります。リー・シモンズは『ハーバード・ガゼット』への寄稿文「水は至るところにある——電波望遠鏡、宇宙に偏在する水を発見する *Water, Water Everywhere, Radio telescope finds water is common in universe*」で次のように述べています。

この宇宙はとにかく水に満ちているようだ。それが今、宇宙に設置された新型電波望遠鏡が地球に送り続けているメッセージだ。１９８８年12月に打ち上げられたサブミリメーター波天文衛星（ＳＷＡＳ）は、この銀河の暗い領域に隠された膨大な量の水蒸気を初めて探知した。この観測結果は、天文学者たちが地上からはどうしても立証できなかった長年の憶測を裏付けるものだ。

「非常に報われる思いだ」と、ハーバード・スミソニアン天体物理学センターに勤める、このプロジェクトの科学者チームのリーダー、ゲリー・メルニックは言っています。

「自然界の仕組みについて20年も憶測を重ねた末に、ようやく衛星を打ち上げ、スイッチを入れ、観測したい宇宙の一角に向けて確証が得られるとは……。とにかく宇宙のどこを見ても、そこには水がある」

宇宙人遭遇に関するワクワクするような兆候も、すでに1970年代から存在します！

1977年8月15日、地球外知的生命体探査（SETI）プロジェクトに携わっていたジェリー・R・エーマンは、オハイオ州立大学のビッグイヤー電波望遠鏡で、狭い周波数の強力な電波信号を観測しました。

エーマンの受信した信号には明らかに地球外、太陽系外の特徴が見られました。信号は72秒にわたって持続しましたが、その後、再び観測されることはありませんでした。エーマンはプリントアウトした表の該当部分をマルで囲み、驚きを表す「Wow（ワオ）」というコメントを書き込みました。以来、この伝説の信号は「ワオシグナル」と呼ばれています。

ワオシグナルの発信源は、射手座カイ星と呼ばれる五等星群から約2・5度、黄道面から約3・5度南の領域に該当します。ここから最も近い肉眼で見える星は射手座タウ星です。

これは地球外生命の存在を示す科学的な確証です。私たちはもちろん一人ではありません。そしてタイムトラベルができるようになるのも間近です……。

第8章
デンデラの黄道帯

エジプトで最も古い聖地に挙げられるデンデラのハトホル第1神殿は、古王国時代のクフ王（紀元前2589~2566年）の治世下で建造されました。現在のハトホル神殿はプトレマイオス朝末期の1世紀に建てられたものです。

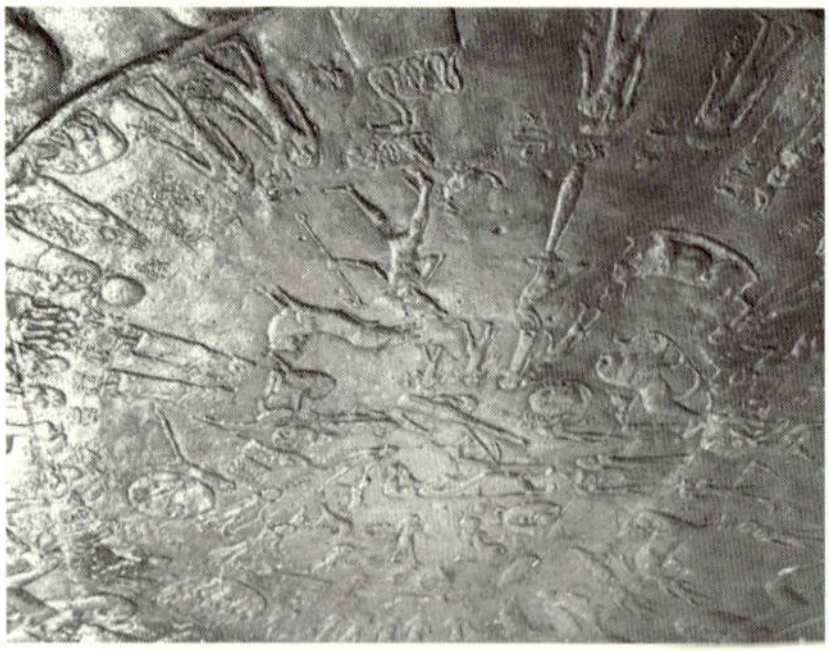

デンデラの黄道帯
©Tracey Ash Film and Photo Archives

ルーブル美術館の初代館長ヴィヴァン・ドノンは、1799年にハトホル神殿を発見した折りに、屋根の上の小さな石造りの祠堂《しどう》の天井に、大きな丸形の天球図（または黄道帯）を発見しました。ドノンはこの黄道帯のイラストを著者『上下エジプト旅行記 *Voyage dans la Basse et la Haute Egypte*』（邦訳未刊）で発表しています。

このレリーフ型の天球図のあった小祠堂はハトホル大神殿の屋根に建てられ、オシリス復活の儀式の際に使われていました。

デンデラの黄道帯を見ると、４人の女性がハヤブサの頭をした神霊に助けられ、円盤状の大空を抱えています。このレリーフは現存する最も重要な考古学的遺物のひとつに数えられます。

１８２２年、デンデラの黄道帯は爆薬によって天井から取り除かれました。現在、そのオリジナルはフランスのルーブル美術館にあります。

デンデラの黄道帯は星々を平面に描いた天球図で、黄道12宮の星座と、その周囲を囲む36のデカン（10分角）が描かれています。各デカンは1等星の集まりで、それぞれが10日間を表します。デカンの概念は、シリウスのヘリアカル・ライジング（訳注　日の出直前にシリウスが地平線に輝き始める初日）と約30日の月の周期に基づいた古代エジプト暦で使われました。

デンデラの黄道帯には12星座の他に、水星、金星、火星、木星、土星といった惑星や月、シリウス、オリオン、北天の３星座（龍座、小熊座、大熊座）、それに神殿の中心軸が描かれています。

地球の歳差運動とは一体何であり、なぜ、このストーリーにおいて重要なのでしょうか？

デンデラの黄道帯の示す「地球の各時代」は、人類の進化と学びのサイクルを理解するための究極の鍵を握っています。

古代エジプトでは、1日は光の12時間と暗闇の12時間から成る計24時間に分割されました。それぞれの時間帯（1時間）には特殊な力または影響力を表す名前が付けられています。

1カ月は29日または30日から成る太陰月で、オシリス、イシス、ホルス、セト、ネフティスにそれぞれ捧げられた特別な日が合計5日ありました。

シリウスのヘリアカル・ライジングと関係するソティス年は、「神の一年」または固定年とされ、365・25日から成ります。シリウスのヘリアカル・ライジングはあらゆる天体の動きを捉えるために使えます。

シリウス周期（ソティス周期）は1460年から成ります。シリウスが日の出前に昇るタイミングは北から南にかけて黄緯一度ずつ、一日ごとに早まりますが、これは時間の目盛が少しずつスライドしていくことを意味します。古代エジプト人は天文学的知識に長け、シリウスのヘリアカル・ライジングは元日の祝祭を表しました。

ファラオ時代に使われた1460年のソティス周期は、夏至はシリウスが東天に初めて昇る11・5日前に起きるとしていました。1回のソティス周期ごとに夏至は11日早まり、シリウスの回帰は9日遅れます。春分点は1460年で20度移動します。歳差運動の周期は2万5920年であり、この間、春分点は12宮を移動していきます。

ここで各星座は2160年を表し、3つのデカン（各720年）から成ります。

これらの数値は「神の家」と呼ばれた大ピラミッドの測定値にも反映されています。これは来たるべき時代と新たな人間の宇宙的ひな型《テンプレート》をさらに裏付けるものです。

ホルスとセト

世界変容のさらなる手がかりを得るためには、デンデラの黄道帯のあった祠堂のすぐ側の小さな天体観測所に目を向けなければなりません。

私は来たるべき新時代とそれに伴う新たなテクノロジーに意識を合わせ、理解するために、デンデラの神殿で何時間も瞑想し、変容ワークに取り組んできました。さらなる手がかりはオシリスの神話に秘められているかもしれません。

デンデラのハトホル神殿
2011年撮影 ©Tracey Ash Film and Photo Archives

創世神話において、セトは363日目に登場します。これは360日周期のエジプト民暦に加えられた5日間のうちの3日目です。この日、セトはオシリスを苦しめるために母ヌウトの子宮を破って外に飛び出します。「ホルスとセトの戦い」の中で、女好きのセトはオシリスの片割れイシスにまで言い寄ります。こうした神話は先王朝時代のエジプトで実際に起きた出来事を表すともいわれています。

「ホルスの目」「セトの睾丸」は、チベットのタントラ密教の光と精液の概念と類似性があります。「ホルスの目」は復活を表し、月の周期や満ちていく月と関係しています。この物語にはイシスとハトホルも登場します。

では、最古の太陽神であるラー・ホルアクティの治めるヘリオポリスの神々の宮廷に舞台を移しましょう。

神々による評定の結果、エジプトの王位継承者はオシリスの息子ホルスに決まります。しかしホルスを適任者と思わないラーはこれに不満を持ちます。そしてラーはセトと手を組み、事態は大混乱に陥ります。

ここでハトホルとイシスという女性の力が介入し、ラーとセト（とりわけセト）の反乱勢力を静めます。ハトホルはラーを再び神々の側につかせます。これに対し、セトは自分がラーの正統な守護者であると言って王位を主張します。セトは神々を巧みに説得し、「中の島」という場所で、イシス抜きで評定を行うように仕向けます。

ここでセトに挑む力を持っているのは、唯一、イシスであることに注目しましょう。

野放しになったセトは、古い伝統や慣習、系譜のすべてを脅かし、途絶えさせようとする存在です。しかしイシスはすでにラーの秘密の名前を聞き出していました。イシスはラーの唾液から蛇をつくり、その蛇に咬まれたラーに、名前と引き換えに解毒剤を渡すと言ったのです（ここで「輝ける者たち」との繋がりが見えてきます）。

この話はラーを力で支配する「蛇の女神」としてのイシスの力を象徴しています。

イシスは母親、乙女、老婆へと姿を変えながら、普遍的な月の女神との関連性を見せます。老婆になったイシスは「中の島」に船で渡り、美しい乙女に変身したところでセトに言い寄られます。イシスの姿にすっかりだまされたセトは、王位継承の資格を剥奪されます。

物語はまだまだ続きます。セトはエジプトの王位継承権を立証すべくホルスに決闘を申し込み、2頭のカバに変身したホルスとセトは、深い水中で激しくぶつかり合います。

イシスがセトに銛《もり》を打ち込むと、セトはイシスの兄として銛を抜くように訴えます（セトもイシスもヌウトの子供です）。銛を抜いたイシスに激怒したホルスは、彼女の首をはねてしまいます。

このあとホルスはセトに追われて砂漠に逃げます。しかし砂漠はセトの領域なので、そこでセトに両目をえぐり出されます。

このエピソードは若い才能あるクレアボヤント（霊視）能力者が視力を失うことと関連し、伝統的シャーマンの世界への参入者《イニシエート》の話でもあります。

砂に埋められた「ホルスの両目」はスイレンの花に変わります。ラーは毎朝、スイレンの花の中から昇ります。

ここで再びハトホルが登場します。「南のイチジクの木の貴婦人」「メンフィスの木の女神」であるハトホルは、癒しの液体でホルスの両目を復元し、ホルスを太陽の道、光の道、英雄の道に回帰させ、ラー・ホルアクティのもとへ帰します。


「私はセトによって両目を失ったホルスを見つけ、目を元に戻しました。さぁ、今、彼がやって来ます」

イシスもハトホルによって復元されます。牝牛の首を与えられ、ホルスとの窮屈な母子関係から自由になったイシスは、ハトホルに象徴される太陽の道に戻り、ホルスはラー・ホルアクティのもとに帰ります。

こうした神話上のパワフルなストーリーは、シャーマンの手法や宗教的儀式と密接な関連性を持っています。

ホルスとセトの戦いはまだ続きます。変容を遂げたホルスはもはや弱くありませんが、それでも神々はなかなか認めてくれません。

最後の戦いは、セトがホルスに性的アプローチを仕掛けることから始まります。しかしホルスはセトの精液を自分の手にとらえ、イシスのもとに持っていきます。イシスはホルスの手を切り落とし、新しい手を作ります。そしてホルスの精液をビンに入れ、中身をセトの好物であるレタス畑に撒きます。これはホルスの種をセトに植え付けるための巧妙な罠です。

宮廷で神々の前に出たセトは、先ほどのホルスとのやり取りにおいて自分の優位を主張し、王位を要求します。これに対してホルスは、自分とセトの精液をこの場に呼び寄せることにします。騙されたセトは、自らの体内にホルスの種が入っていることを知りません。

そしてセトの頭から太陽円盤が飛び出します。

ここでトートが現れ、円盤を自分のものにします。このあとも紆余曲折を経て、ついにセトとホルスは和解を余儀なくされます。

セトはヘリオポリスのアトゥムの前で王位を諦めたことを告げます。こうしてホルスが上エジプトの白冠、下エジプトの赤冠のもとでエジプトを統一します。

セトの頭から太陽円盤が出現し、輝き始めたことは、ホルスの目がウジャトの目に生まれ変わったことを意味します。目が完全になるためには、一度、バラバラに砕けなければなりません。

ここで2つの「聖なる目」のうち、左目は「ホルスの目」と呼ばれ、満ちていく月と関係しています。右目は怒りの女神ハトホル・セクメトとそれに関連する儀式に結びついています。ハトホルは神々の黄金であり、女性の宇宙的ひな型です。

歳差運動のもたらす希望

地球の歳差運動は、この惑星がいつか癒されるという希望を与えてくれます。

プリンストン大学研究学部事務所のキャサリン・ザンドネラは「地球の揺らぎは海洋生物の夕食をこしらえる *Earth's Wobble 'Fixes' Dinner for Marine Organisms*」という記事でこのことに触れています。ザンドネラは、地球の周期的「揺らぎ」が海の健康に欠かせない栄養値を統制しているというネイチャー誌の新たな研究を取り上げ、海の生命維持システムが気候や漁獲量に影響することを示唆しています。

プリンストン大学とスイス連邦チューリッヒ工科大学の研究者によれば、海の健康に欠かせない窒素固定の変動の過去16万年の数値パターンは、地球の回転軸方向の変化に符合しています。

地球の回転軸による歳差運動はおよそ2万6000年の周期を持っています。1980年代の研究によれば、大西洋の海洋深層水は、地球の歳差運動の影響で2万3000年ごとに海面に浮上します。すると窒素含有量の低い水が海面に浮上し、藍藻《らんそう》が空気中の窒素を生物に使用可能な状態に変換します。

この明らかな関連性に基づき、プリンストン大学の地質学・地球物理学教授ダニエル・シグマンは、海の生物圏は大規模な生態系の変化からも回復し得ると提唱しています。

シリウス

イシス、ホルス、ハトホル、オシリスは、シリウスへのゲートです。これらのゲートは私に驚異的変容をもたらし、おかげで私はいっそう宇宙の鼓動に近づき、人間の存在意義について理解を深めました。

ソースコードは全く新しい現実をつくる可能性のある、パワフルな波動と情報です。

ソースコードは私たちをさらなる知性、神性、自由に近づけるため、このような自由と主権性を絶えず否定する、不健康で腐敗したヒエラルキーに満ちた体制を超えさせてくれます。

究極的には、ソースコードはあなたを宇宙のひな型に繋げます。

この水準の自由と主権性は、大衆を操り、人類の進化をコントロールするために故意に遮断されてきました。ヒューマン・ポテンシャル分野は素晴らしい希望を与えてくれますが、肝心の先生やリーダー、親、友人が目覚めていなければ、あなたの日々の体験や出会いは常に、進化を操る見えないストーリーに支配され続けるでしょう。

自由を得るためには、継続的な自己ワークをするしかありません。スピリチュアルな生き方とは、輝かしい生き方と戦士の道を選ぶことです。それは私たちがいかに生き、愛し、周囲の世界に惜しみなく与えられるかにかかっています。

シリウスは自由への忘れられた鍵、神性への忘れられた鍵です。

故意につくられた低い波動や制約的知識を超え、瞑想のもたらす新しい高波動の知性と平和を体験しましょう。

知識以上に必要なのは、より大きな気づきや自己変容をもたらすスーパーエネルギーです。それが今という時代に不可欠な貢献力に火をつけてくれるでしょう。

肝心なのは平和のひな型です。平和のひな型はシリウスにあり、第Ⅱ部で紹介する瞑想法や、イシス、オシリス、ホルス、ハトホルというアーキタイプ的ストーリーの無限のサイクルを探求することで得られます。

デンデラにある小さな天体観測所の壁画は、オシリス・イシスの時代から、ホルス・ハトホルの時代への移行をはっきりと伝えています。これは地球の次なる時代として歳差運動に記録されています。正確な瞑想と変容法を探求し、その両方を実践すれば、この移行を加速させられます。今の時点では、地球の新時代を理解し、何が必要とされるか探求することが肝心です。そうすれば新しい時代にスムーズに移行し、次の段階の高波動に入っていけるでしょう。

これからの時代は、かつてなかったような新しい波動や革新的情報の中に入っていけるでしょう。あなたは新しい波動や情報に助けられ、全く新しい未来をつくることができます。それが可能な時代に入ったからです。

これからは瞑想を実践することで、人生と世界の可能性をさらに加速させられるでしょう。安心できる未来を地球や次世代の子供たちに残すためには、単なる知識を超えて、もっと大きな愛とビジョンを達成する必要があります。これから関わる人や自分自身を癒し、愛し続けるには、単なる知識を超えた目覚ましい気づきが必要です。

地球の次なる時代において、あなたは自分が誰であるかを再定義し、これまで真実と思ってきたことを再検証せざるを得なくなるでしょう。

瞑想の中でシリウスを探求しましょう。そうすれば、肉体をしっかり意識すると同時に、どこまでも広がる空間と安らぎを感じます。それは深い気づきを呼び覚まし、日常生活に隠された有害なストーリーと向き合い、出し抜く助けになります。その結果、さらに自分に専念し、自分が人生で何を必要とし、どんな人といるべきか、何が霊的に健全で何がそうでないか見分けられるようになります。

しかし、こういったことは常に変化していくため、より意識的になって、何を選び、何から抜け出すか知的に見極めてください。

この傑出したエネルギーと情報源は新たな人類の宇宙的ひな型をとらえ、つくり出す方向へと導いてくれます。それは困難な時代の最中で、未来を明るく照らす癒しと希望です。

宇宙は絶え間ない進化と再生のサイクルです。それが唯一の現実です。

この現実に入ると、自分という存在の意味と可能性が加速され、周囲の世界を向上させられます。それが来たるべき地球の時代です。

次の時代は、シリウスのもたらす高波動の知性と愛溢れる気づきの中で、完全に肉体に根ざした生き方が要求されます。そうすれば、生活のために生きるだけの毎日を、完全にスピリチュアルなものに変えられます。これは敏感な人やインディゴ・チルドレン、スピリチュアルな戦士に必須の生き方です。

この地球でもっと愛に溢れた意味ある人生を送るためには、古い体制やストーリーを破壊する、新しいパワフルな運命を呼び覚まさなければなりません。そのためには肉体に根ざし、高波動の知性と感情を使うことがどうしても必要です。

これは大人のスピリチュアリティです。古く時代遅れの世界をあとにし、自分と世界をポジティブな方向に変えるためには、自覚と気づきが肝心であり、何よりも賢明な決断が必要です。

シリウスを探求した時、そこには広大無辺で絶えず変化し続ける知性と気づきがあります。これが次なる人類のひな型への鍵です。それはより深く、豊かで精妙な気づきであり、かつてない可能性や現実のレベルで真実を教えてくれるものです。


こうした瞑想の新開地に入ると、自分のストーリーが周囲に与える影響を自覚し、自分のみならず周囲の日常世界を改善する助けとなるでしょう。

瞑想は、あなたの住む世界に新しい可能性を与え、解決法を見つける助けにもなります。

第9章
変化の時代のスピリチュアルな戦士

リー・キャロルとジャン・トーバーによる革新的著書『インディゴ・チルドレン――新しい子どもたちの登場』（ナチュラルスピリット）は、今日ますます増え続けている、意識的にポジティブなかたちで変革を起こす新世代の子供や大人たちを紹介しています。

インディゴ・チルドレンはあらゆる年齢にわたりますが、その共通点は、人間と地球と進化を神聖視する新しいスピリチュアルな戦士のひな型《テンプレート》を持っているということです。

こういった人々はどの時代にもいましたが、今こそ、その潮流は大きく拡大し、目覚め、パワーアップし、長く待ちわびた地球規模の変化を生み出そうとしています。あなたもそのひとりでしょうか？

インディゴの子どもとは、新しくて風変わりな精神的特質を持ち、これまで公には記録されたことのない行動パターンを持つ子どもたちのことです。この行動パターンにはユニークな共通要素があり、身近な人たちが彼らの扱い方や育て方に戸惑ってしまう誘因となっています。インディゴたちの特質を無視すると、その貴重な新しい生命の心が安定を欠いたり、欲求不満を募らせてしまうかもしれません。

『インディゴ・チルドレン――新しい子どもたちの登場』
リー・キャロル&ジャン・トーバー

こちらの本では、進化を阻む有害なストーリーを払拭するスピリチュアルな戦士や変革者という、先駆者のひな型について概説しています。

この変化の潮流となっているのは子供や若者だけではありません。新しいスピリチュアルな戦士のひな型はどの世代にも存在し、その数は日に日に増えています。

インディゴ・チルドレンは鋭い感性とスピリチュアル・パワーでポジティブな変革を起こし、時代遅れの体制を暴き、先進的解決法を示していくでしょう。

苦痛のパターンを超えるには、この新しいスピリチュアルな戦士のひな型がどうしても必要です。スピリチュアルな戦士はすでに癒され、世界を愛し、使命を生きています。

本書の第II部は変革者、ピースメイカー（平和をもたらす者）、ヒーラー、スピリチュアルな戦士、ビジョナリー（ビジョンを描く者）の高波動のひな型を呼び覚まし、維持する助けになるでしょう。

あなたは前時代的な苦痛のパターンをあとにして、地球と人類のための夢を生き、高波動のソースコードのひな型と繋がる準備ができていますか？

もしそうなら、今こそ平和の革命を始めましょう。まずは一人ひとりが変わればいいのです。各人の変化が全世界に伝わり、より良い世界ができていきます。

意識の目覚めた一個人、母親、友人として言いますが、今こそ個人と人類の高波動のひな型を解放する時です。

そうして困難で時代錯誤の社会構造、プロセス、エリート主義、年齢差別に真っ向から挑み、パワフルでポジティブな変化を起こしましょう。古い体制に対して軽やかに、そして平和的に挑む時代が来ています。それはポジティブな変革の時代です。あなたはこのことを自覚し、感じているはずです。

1999年以降、私は新しい変革者、スピリチュアルな戦士、ピースメイカー、地球のヒーラー、意識の高い人々、全世代のインディゴ・チルドレンに関わることを選び、彼らが輝かしくパワフルなかたちで変容するのを助けてきました。

こうした人々は様々な分野でヒーラーとして独自の力を発揮しています。彼らは意識的かつ知的な変化を視野に入れた、素晴らしいビジョンを持っています。低波動のストーリーや時代遅れの枠組みを超えて行こうというその信念は、まさに英雄の道です。

これが本物のスピリチュアリティであり、真理の道です。これは個性溢れる輝かしい変革者たちをひとつに結ぶスピリチュアルな戦士の絆であり、ワンネスの道です。それはあらゆる世代の人々を包含するのです！

人類と地球の新たなひな型を呼び覚まし、次なる変化の到来を告げるスピリチュアルな戦士に生まれた人もいます。自分の力を取り戻し、内なる戦士のひな型にもう一度火をつけ、意識的な変化という夢を実現するのをずっと待っていた人もいます。

私は世界中を旅しながら、子供や若者だけでなくあらゆる世代の素晴らしい人々と知識を共有しながら、一人ひとりが自らの力に気づけるように力を貸しています。その人がポジティブな夢を解き放てるように、最も輝かしいストーリーに耳を傾けます。そして進化と変革を減速させる低波動のストーリーを超え、自分の最も輝かしいストーリーに耳を傾け、それを発動させる方法を教えます。

こうした人々はその驚くべきパワーを押さえ込むために、今まで無理に枠にはめられてきたことがよくあります。そして多くの場合、本当の意味で敬われ、話を聞いてもらったことがありません。私は彼らを敬い、話に耳を傾けます。すると輝かしさが戻ってきます。

あなたの輝かしい話に耳を傾けてくれる人がたったひとりでもいれば、あなた独自の目的と変化を発動させる驚異的エネルギー源が解き放たれます。

どんな人にも、どんなストーリーにも独自の個性があり、まばゆいばかりの目的とエネルギー源でポジティブに創造する潜在性を秘めています。

情熱的に生きる時代が来ました。ポジティブに変化を起こすという、生まれながらのビジョンを叶える時代です。スピリチュアルな戦士が集まり、人類の新しいひな型のもと、互いに耳を傾け、協力し合い、強くなる時代です。

この時、感情があなたのパワーの源となるでしょう。スピリチュアルな戦士は途方もない変化を生み出す感情という強力なエネルギー源と繋がっています。

この世界、この人生のすべての体験やビジョンは、人を愛し、地球を愛するために存在します。健全な感情の幅を持つことは、真の贈り物なのです。あなたのハートは大きく、ビジョンは広大で、今、必要な変化を起こす無限のパワーを持っています。

新しいスピリチュアルな戦士は不平を言わずに世界に向き合い、怖れに直面し、すべての希望が失われたあとも解決策をもたらします。スピリチュアルな戦士は積極的に他のスピリチュアルな戦士を探すべきです。これは私の心からの願いです。そうすれば、急速な変容と気づきの新開地に至り、ポジティブな変化が起き、新しい道が難なく開けるでしょう。


この新たな高波動のひな型は、旧時代的なひな型を解体していきます。これが進化であり、正しい方向性です。

新しいスピリチュアリティのひな型は、現世を生き、この世界を愛し、ポジティブで意識的に創造するために行動を起こすというひな型です。

すべてのポジティブな考えと行動が明日の世界に影響します。新しいスピリチュアルな戦士はこのことを熟知した上で、日々、情熱を持って生きています。


この最終章を書いている2015年現在、イスラム国（ISIS）が台頭し、イシスの名のもとに古代エジプトの力が利用されています。イシスは間違いなく平和の象徴であり、最もよく知られた地球の母《アースマザー》のアーキタイプでもあります……しかしイシスの名はひどく歪められてしまったのです。

この危機的状況は、人類と世界から幾度となく平和を奪ってきたパターンでもあります。私たちは平和と愛のために心をひとつにするように呼びかけられています。

これまで何世紀にもわたり、知識や情報は世界中の政界、宗教界のエリートたちの権力を築き上げるために利用されました。

これは決して新しい話ではありません。従来のエジプト学が大切な情報を隠蔽《いんぺい》してきたのも今に始まったことではありません。

もし失われた情報が**宇宙的ひな型**であれば、それこそが新しい人類と地球変革へのゲートです。**地球の新時代は、ポジティブで善良なアクションへの扉を開くかもしれません。これから多くの人が目覚め、人類と地球のための素晴らしい使命に向かえば向かうほど、このひな型は発動していくでしょう。**

エリートたちによる支配構造は、人類の進化を阻む破壊的ストーリーを故意に選んできました。それが今、かつてない大規模なスケールで起きています。

私たちは内なる真実を探すという大いなる転換期に来ています。瞑想や変容ワークを通じて、どうか真実へと導かれてください。

これは何を選び、何から抜け出すべきか、取捨選択するための大事なスイッチです。あなたの輝かしいストーリーは明日のストーリーです。あなたのストーリーを変え、未来の新しい世界をつくる機会は今、ここにあります。

1760年から2014年までの人口増加推計を見てみましょう。この数値に啓発され、あなたが変化の方向に進むことを願っています。

1760年の世界の推計人口は7000万人です。1927年は20億人、1979年は43億7000万人、1999年は60億、そして2014年9月25日13時25分現在、世界の推計人口は72億6301万524人という膨大な数に達しています。

計数器を見ている間も、世界の危機はますます拡大しています。

しかし、もう一度カウンターを見てみましょう。輝かしいストーリーも拡大しています。ポジティブな変革を起こす人が増えるたびに、世界は魔法のような変容とシンクロニシティ、愛に満ちたテレパシーできらめき、より良い世界をつくるための解決法や、時間を折り曲げる奇跡で光り輝きます。

私はこういった人に出会い、共に協力し、世界を変えていきたいのです。するとソースコードはますます高い波動で発動し、夢のようなスピリチュアリティとなるでしょう！

そろそろ、私たち全員が力を合わせて輝かしい変化を生み出す時です。

では、「世界平和のための瞑想」（*One Thought for World Peace*）という、世界をひとつに繋ぐ簡単な瞑想法を紹介します。あなたの1日の中でほんの一瞬、意識的に世界平和に貢献するための方法です。

目を閉じて、自分の中に入る時間と場をつくりましょう。
息を吸いながら、意識を内側に向けます。
息を吐きながら、平和に満ちた意識を外に広げます。
この意識的な呼吸のサイクルを続けます。

輝かしい自分のビジョンはどんなものですか？
このビジョンに意識を集中しましょう。

輝かしい世界のビジョンはどんなものですか？
このビジョンに意識を集中しましょう。

このビジョンを愛しましょう。このビジョンを地球と人類の中心におきます。

あなたはほんの1分、時間を取るだけで、世界を変えることができます。

深呼吸を5回しましょう。

1　2　3　4　5

地球に両足をつけてアンカリングし、ひと呼吸します。そして目を開けます。

第 II 部

私は過去30年にわたり、世界最高峰の伝統的スピリチュアリティと瞑想法を実践し、経験を積んできました。この経験に基づいて、とっておきの秘訣を紹介しましょう。

まだご覧になっていない方は、www.traceyash.com の動画アーカイブをご覧ください。瞑想がいかに高いレベルの波動とエネルギーをつくり出すか実感できるでしょう。それは革新的で輝かしい気づきと変容、具現化の可能性を開きます。

この動画からわかるように、本書の瞑想法はあなたが輝かしいストーリーをつくり出す助けになるはずです！　動画の中で、私は愛と奇跡、魔法、高速の具現化の力を解き放っています。この体験は私のその後の生き方を変え、他者に与え、共有するという豊かで意味深い人生をもたらしてくれました。

瞑想にはどんな効果があるのでしょうか？　それはあなただけでなく、家族、友人、コミュニティ、最愛の人に何をしてくれるのでしょう？

西洋では、瞑想はしばしば現実生活とかけ離れた怪しげなものとしてみられています。瞑想する人の多くが心の奥深くまで降りていけないため、自分を知り、自分を癒し、最終的に変容するという恩恵が得られずにいます。

私はどのレベルの人に教えるときも、このもどかしく二元的な、時代遅れで制約的な、表面的アプローチの問題点について指摘しています。それがエクセレンス（最高の状態）への道です。

瞑想は現実逃避の手段ではありません。自分から逃げ、人生から逃げるための「休暇」として瞑想を利用しても、何も変わらないでしょう。それでは具現化も起きず、あなたが切望している心の平和や幸せも得られません。そんな姿勢では肝心な変容が起きないのです。

そして、いつか突破口を開き、成功、平和、幸せ、健康などを手に入れるという哀しくも魅惑的な夢にしがみつくことになります。

瞑想は解決、エンパワーメント（力強くなること）、平和、成功、輝かしさなどの結果を出すためのものです。

とにかくシンプルに留めましょう。

よくある落とし穴は、瞑想の目的が曖昧である、または定期的に瞑想したくても熱意が続かないというものです。

本書を読み終わってすべてをわかったつもりにならないでください。エクササイズを何度でも練習しましょう。エクササイズを愛し、熟知し、探求すれば、あなたは回を追うごとに少しずつ自分を知るようになります。それが本物の自己探求と変容です。

それが瞑想を極める正しい道であり、より健康で完全な自己に至るための方法です。深い内的知恵と気づきと変容を伴う、発見と嘘偽りのない自分に基づいた、継続的なワークです。嘘偽りのない瞑想習慣は、嘘偽りのない生き方に繋がります。

深く実用的な瞑想をすればするほど、人生の奥行きも深まるでしょう。それはお金では決して買えない素晴らしいものです。

早速、瞑想に入りたい方は205ページに進みましょう。しかしより深い体験をするためにも、次のポイントを読んでおくことをお勧めします。

エクササイズを始める前に、**「何のための瞑想なのか?」**と自問しましょう。

定期的に瞑想している人も、初心に戻って、嘘偽りのない純粋な動機で、瞑想習慣の基盤を作り直しましょう。熱意や輝きは時間と共に失われるものですが、瞑想を始めた頃の子供のような素直な気持ちが大切です。

目的が明確になれば、もう一度情熱に火をつけ、パワフルに実践し始められるでしょう。そして自らを鼓舞し、触発しながら、今までの世界を変える、楽しく驚きに満ちた瞑想の旅に出るのです。

自分を知れば知るほど、魔法のような出来事が次々と起きたらどうしますか? 瞑想に身を投じれば、それは決して不可能ではありません。

自分を小さく限られた存在だと思うこともできれば、輝かしい自分を一瞬、垣間見ることもできます。

しかし本当の輝かしさとは、いついかなる時も輝かしい自分を見つけられるという確信です。すると瞑想は気づきとエクセレンス(最高の状態)に至るための大切なエネルギー源となり、無数の奇跡的方法、出来事、人々を通じて人生が変わっていくでしょう。

本物の自己ワークに取り組めば、今までの幻想を打ち破り、さん然と輝く人生をつくり上げられます。**あなたにはそれだけの熱意がありますか？**

私が情熱を持って紹介するこの瞑想の道は、あなたを永久に解き放つ可能性を秘めています。ただし、それを永久に実践すればの話です……それが真実なのですから！

ポイント　自分への問いかけ

次のように自問しましょう。

●瞑想は何のためのものか？
●私はなぜ、瞑想するのか？
●瞑想を通して得たいものは？
●自分の中で変えたい、または伸ばしたい部分は？

瞑想や変容ワーク、具現化を行う理由は人によって様々です。ここでは一般的な回答ではなく、あなた独自の答えを出すのがベストです！　個性や目的、ストーリーは人によって違います。瞑想、変容ワーク、具現化を行うにあたって、あなたなりの理由を感覚的に探ってください。瞑想はあなたをポジティブで活き活きとさせる力を持っています！

過去を振り返りながら、この本を選んだ理由を探ってもよいでしょう。友達に勧められた、あるいは単なる思いつきで読んでいるだけではないはずです。

自分を知り、変えたいと思った深い理由は何ですか？　しばらく本を閉じ、この本の波動と繋がってみましょう。そして最も輝かしい自分はどんな自分か問いかけます。


来たるべき新時代は、自分を知り、自分で責任を持つ時代です。人間は個性のない型にはめられてきたため、エリートによる支配構造にコントロールされ、プログラミングされてきました。

このような、もどかしく旧時代の体制を打ち壊す唯一の方法は、自分を知ることです。


現状に対処するための瞑想はしないでください。できるだけ輝かしく、平和で、幸せで、愛に満ちた、意味深い人生と自分をつくるために瞑想しましょう。

人生のあらゆる領域を輝かしいものにすべく、意識的に努力してください。そうすれば輝かしくポジティブな変化が起きるでしょう。


現状に対処することだけを目的にすると、健康、才能、創造性という、本来、手に入る輝かしさを除外してしまいます。人生は途方もなく素晴らしい体験をする機会やチャンスに溢れています。一つひとつの瞑想、そして人生のあらゆる瞬間は、さらに素晴らしい世界に入る機会です。神々しいまでの輝かしさを手に入れましょう！

現実はあなたの思い込みによって形成され、つくられます。現実が輝かしいものだと思えば、現状がどうであれ、あなたは実に様々なかたちできらめく現実をつくり、体験するでしょう。

ポイント　瞑想の錬金術《アルケミー》

言い訳を手放しましょう。「どうやって?」という不安を手放してください。

あなたの最も壮大な夢を描き、輝かしい現実をつくりましょう。私は自分が心から愛せる人生をつくりました。素晴らしい人々に囲まれ、忘れられない体験に満ちた、冒険のような人生です。この生き方こそが、困難な時にも私を変容させるパワーを持つ、より大きな創造性と選択と貢献のエネルギーです。

夢を発動させる瞑想をすれば、輝かしい人生創造を邪魔する怖れや制約、刹那的な達成のビジョンを超えたところに行くことができます。

怖れを焼き尽くすことは、100%正直になることでもあります。今の自分を受け入れ、過去の人生経験を土台として活かせば、しっかりとした成長を遂げられます。

今まで何千人もの人々を相手にしてきた結果、ひとつわかったことがあります。それは、変化は必ず訪れるということです。

自己変容はいずれ起こります。しかし良質の瞑想は、この過程をスピードアップさせてくれます。なぜでしょうか?

心にトラウマがあると意識が身体から離れ、豊かな機会に溢れたこの人生から一歩引いてしまいます。効果的な瞑想法はその瞬間を生きることを促すため、通常の変容のプロセスを加速させます。するとあなたはより意識的になって輝き、人生の意味を深める魔法のような機会が掴めるようになります。

誰もが知っているように、時はすべてを癒します。では、癒しのプロセスを速める方法がわかっていたとしたら？

正しい瞑想法は変容と具現化の時間的構造を加速させるため、その分、もっと多くの時間を解き放たれた状態で、健康で活き活きと過ごすことができます。

最初の鍵は、今に意識を集中することです。

瞑想のプロセスをきちんと体験し、定着させるための時間と場をつくってください。瞑想中の過ごし方についてよく考えましょう。あなたは眠った状態、または目を覚ました状態で瞑想したいですか？変容や解放を求めて浮上してくるものに気づきましょう。呼吸するたびに、思考やフィーリングが浮かんでくるたびに、あなたの可能性と変容の自由を感じましょう。

肝心なのは心の準備と、今この瞬間と身体とマインドに意識を集中することです。

あなたの身体とマインドは、今まで体験したことをすべて記憶しています。マインドと身体に正確に意識を集中できれば、強力でポジティブな変容と具現化が起きるでしょう。

ポイント　波動を高める／愛、変容、具現化

この本の仕上げに入った頃、私は非常に興味深いセッションをしました。近年、ヒューマン・ポテンシャル界を席巻した「引き寄せの法則」についてこう聞かれたのです。

「引き寄せの法則は、どうして効かないのですか？」

その理由を教えましょう。よくある話ですが、肝心な情報が欠けているのです。具現化は、あなたが内面を本気で変えようとしない限り起きません。

あなたの内面のストーリーは変容を求めて浮上し、実世界の体験として現れます。どんなプログラミングを受けていようと、これは地球上のすべての人が取り組まなければならない真のライフワークです。

自分を正確に見つめながら、ストーリーを浮上させ、ストーリーの内容を変えることに専念してください。たとえば、いつも失敗するというストーリーを体験しているなら、そのストーリーを最初から最後まで通しで見つめ、それからストーリーを癒します。新しいエンディングを考えて結末を変えるなど、いろいろ試してください。

瞑想は人生の可能性を変えるために使うこともできます。結果を変えたいなら、自分の波動を変えるしかありません。波動を変えることで心の平和と統合が起き、もっと幸せで素晴らしいエンディングをつくる機会がやって来ます。

瞑想を活用して、あなたの最上のストーリーをつくりましょう。

ポイント　気づきの力を使う

自分を知り、自分のストーリーを知ると、嘘偽りのない自分に近づき、人生での役割を受け入れ、責任を持つようになります。

何度も繰り返している厄介なストーリーを紙に書いてもいいでしょう！　しかし、それで終わってはいけません。自分をよく見つめ、その体験からどんな学びと知恵が得られたか気づくことが大事です。

スピリチュアリティとは生きることであり、体験を通して学び、変容し、成長することだという信念を持ち続けましょう。自分のストーリーを知ることは、本質的には自分を愛し、人を愛するプロセスです。それは誰も傷つけることなく、ただ知るだけで何かが起きるというプロセスです。

気づきの本質と可能性については、今までいろいろなストーリーがつくられてきたのが興味深いところです。歴史上、気づきは社会の片鱗に追いやられましたが、気づきは真実を発見するための強力なツールです。気づきが鈍ると、社会であれ、家族間であれ、エリートたちによる支配構造がもたらす偽りのストーリーが横行するようになります。

右脳と左脳の間には「第三の目」という失われたゲートがあります。このゲートを使えば、より良い自分、より良い世界のビジョンを描きやすくなります。

気づきの力なくしては、現実を自分で作っているという自覚と責任感がなくなります。**第三の目と**

いう鍵が覚醒すると、時間の中にいながら時間の枠外の意識に繋がります。

すると今までの過去を意識し、どの選択が未来に影響を与えたか気づくようになります。また、未来の流れに繋がり、この世界の持つ希望と可能性に気づくのです。

ひとつだけ確かなのは、エリートたちによる支配構造がいかに幻想を強化しようと、変革はいつも進化をもたらすということです。どんな時代に生きていようと、どんな現実観を持っていようと、真理と進化は永遠のキーワードです。なんと素晴らしいことでしょう！

ポイント　変容する

人生でいつも繰り返しているストーリーについては自覚があるはずです。ここでは瞑想中に正しい波動になることが肝心です。

ストーリーを変え、改善したいなら、まずは平和になることです。平和を呼び覚ます瞑想は、加速的変容を起こす機会を強力に増やし、あなたを解き放ってくれるでしょう。

自己成長を促す情報の多くには、聖なる女性性という要素が欠けています。

思い切って言いますが、平和と行動力の両方を取り入れることができれば、変容のプロセスを大きく加速させられるでしょう。そしてもっとゆだね、変容し、具現化の可能性を変えることができます。

これが地球の新しい進化のステージです。**古いものを変容させ、新しいものを生み出すのです。**

平和は甘い選択だとよく言われますが、平和は行動するために必要な気づきとパワーをもたらし、戦士の道、英雄の道を指し示す逆の極性として働くこともあります。平和は知恵をもたらします。気づきの力でストーリーを日々変えながら、最も輝かしいストーリーを見つけてください。

最も輝かしいストーリーはより大きな善の道であり、愛の道、真実の道、具現化の道のストーリーです。

矛盾に満ちた人生を歩んでいると、あらゆるレベルで不幸と制約と病気を生み出すことになります。内なる矛盾や葛藤に真っ向から取り組めば、幸福と健康と可能性という新しいひな型《テンプレート》に入り、それが最終的により良い世界と新しい人類という全体的なひな型にも影響を与えます。

これがまさに新しい戦士の生き方です。ありふれたスピリチュアリティから抜け出し、輝かしい生き方と貢献をすべく、自分の中で変えるべきもの、呼び覚ますべきものに取り組みましょう。先延ばしにするとあなた自身の癒しが遅れ、自分の住む世界を助けることもできなくなってしまいます。

人生のあらゆる分野でヒーラーになるということは、優れた先生のテクニックや考えの後ろに隠れることではありません。ヒーラーになり、重要な役割を担い、ポジティブな影響力を与えたいなら、自分の中にある最も重要なストーリーを癒すことです。それはしばしばつらいストーリーですが、内なる平和を発見すれば、それは究極の知恵をもたらす、最高の輝かしさを呼び覚ますストーリーとなるでしょう。

素朴で嘘偽りのない平和こそ、何よりも輝かしく、無限の価値を持った叡智を秘めています。平和は人生という素晴らしい旅に目覚めをもたらします。

人生はスピリチュアルな旅であり、すべての出会いは、自由という新しいひな型を選ぶためにあるのです。あなたの中に愛と信頼があれば、選択肢はますます広がり、それが自由を解き放ち、ポジティブな変化と進化の全く新しい道とひな型が開けるでしょう。

あなたは、夢にも手放せると思わなかった古い傷やストーリーを癒すパワーを持っています。そのパワーに向き合い、よく感じましょう。

真実を選び、今まで無駄にした時間を計算してください。あなたは愛と自由と驚異的具現化を否定する古い反復的ストーリーにどれくらい時間を費やしましたか?

そこを見つめることで、ストーリーを本気で変え、自分と世界を改善したいという責任感が生まれます。普通の本にはこんなに手厳しいことは書いてありませんが、本気で変わり、具現化したいなら、厳密な気づきと熱意と責任感が要求されます。


まずはストーリーを選ぶことから始めましょう。輝かしいストーリーを選ぶことは究極の一歩であり、それが新しい人類のひな型になります。

これは二極の間を行き来する意識を成長させ、本来の自分を発現させる上で究極のステップです。それはあなたを改革するパワフルな加速装置として働き、今までつくり上げた自己のストーリーと可能性のすべてをつくり直します。

これはヒューマン・ポテンシャル分野が待ちこがれていた感動の現実です。愛と気づきが平和と行動力と共に存在し、心の広がりが具現化を加速させ、自己を知り、自己の存在目的を知る行程がスピードアップされる世界です。

この変容のプロセスをどこまで深めるかはあなた次第ですが、日を追うごとに内面の層が一枚ずつ剥がれ落ち、あなたの真の輝かしさと存在目的が明らかになっていくでしょう。

これは素晴らしい内的ワークです。

これから15日間の瞑想プロセスを紹介します。

【15日間の瞑想プロセス】ソースコードの瞑想

1日目　具現化のひな型

あなたの人生で変えるべきことは何でしょうか？

これからあなたの封印を解き、波動を高める、シンプルで実用的なエクササイズを紹介します。

ペンとノートを用意しましょう。たった今、直面している有害な問題をリストアップしてください。同時にポジティブなこともリストアップしましょう。

今、どんな前向きな考え方や生き方を取り入れるべきだと思いますか？　リストの内容は毎日変わっていくはずです。それもポジティブで良いことです！

今の自分に良くない影響を与えている、有害または不健全な状況は何でしょうか？

では、素晴らしくポジティブなものは何でしょうか？　さらにポジティブなものが得られるとしたらそれは何でしょう？

目を閉じてください。

あなたにとって素晴らしくポジティブなもののパワーを感じましょう。

これからポジティブな意識を持ち、さらにポジティブな体験をすると決心してください。

5回深呼吸しましょう。
1、2、3、4、5
地球の重力を利用して、全身をしっかりとアンカリングします。

5回深呼吸します。

目を開けましょう。


ありふれた瞑想をする必要はありません。瞑想の中でストーリーを変え、創意工夫しながら変容を起こしていいのです。瞑想中に中立《ニュートラル》でいることで、自然と解決が起き、さらに多くをつくり出し、ポジティブな修正を起こせます。

これは単なる**修正または再設計、スケールアップ**であり、輝かしい自分をつくるために全くもって必要なことです。瞑想は毎日行うべき、とても実用的なものです！

あらゆる本を読み、世界一のグルやマスターに会いに行って話をメモしたとしても、それを実用的スピリチュアルとして真面目に実行するかどうかはあなた次第です。

本書のエクササイズを、あなたのライフビジョンを生きる上での基本としましょう。この高波動の主権的生き方は、人生のあらゆる面に波及します。

内面のワークは、一日をスムーズに生きる、または自分を落ち着かせるための追加のスケジュールではなく、人生に欠かせない大切なものです。

最新の瞑想法は心の平和をもたらし、**心の平和は奇跡的変化を生み出します。**するとあなたの健康と幸福度は大きく変わり、人生も生き方も改善されます。素晴らしい情報ですね。輝かしい変容を選ぶことは、輝かしい健康を選ぶことでもあります。

すると、あなたの体調は生命エネルギーの不足ではなく、輝きを反映するようになり、人生の目的やライフビジョンに逆らった結果として生まれた問題に対処する必要がなくなります。

そして瞑想は思いつきや一時的な趣味、流行ではなく、ライフビジョンを叶える大切なツールとなります。瞑想はあなたの輝かしい目的と運命にパワーを与え、具現化させるでしょう！

今日一日、活き活きと過ごしたいか、自分で選びましょう。これは肝心な実生活でもっと前進し、変化するということです。毎日、自由になることを選んでください。

あなたが選ばない限り、輝かしい自分にはなれません！

ポイント　自分でつくる！

スピリチュアルな考えを日常に活かせず、私に助けを求める人は大勢います。これは特に西洋で見られる傾向です！　しかし、これではスピリチュアリティは実生活とかけ離れているという幻想がさらに強化されます。受け身でいたら、スピリチュアリティを上手く使えず、苛立ちを覚え、もとの低い波動に戻ってしまいます。

スピリチュアリティは素晴らしい生命エネルギーです。そろそろスピリチュアリティの本質と作用についての誤解を解く時です。

ポイント　波動を上げる練習

波動を上げる練習をすればするほど、あなたは輝かしい存在になります。これは波動を高める神聖な旅です。波動の低い昔のストーリーに戻らないことを選びましょう。あなたにはストーリーを変えるために必要なツールと、スピリチュアルな最高傑作を生み出す選択肢が与えられています。

自分の輝かしさを思い出して呼び覚ますために、メモを書いて貼ったり、美しい夕焼けを見たり、素敵な友達と会うなどの活動をしましょう。困難な状況にある時も、素晴らしい体験をするためのスケジュールを立てましょう。

そうすればあなたは波動が上がって強くなり、困難な瞬間も素直に受け入れられるようになります。これが新しいパラダイム、すなわち自分でストーリーをつくっていることを理解し、力強く輝かしい真実の視点から自分を見るという生き方です。

偽りのストーリーは簡単に消滅するものです。人はポジティブな高波動によって加速し、真実こそが唯一の入口です。他のことで気をそらして自分の癒しを遅らせることもできますが、それでは永遠に飢餓のゲームを続けることになります。

あなたは奇跡的な変容を遂げ、素晴らしいストーリーをつくる力を持っているのに、何を待っているのでしょうか？

明らかにうまくいっていないことがあるときは、内なる風景を変えるか、または単にその状況から離れるべきです。そして思考をリセットするのです。

内なる風景は常に変化していくものです。内面を変える、または活性化させる必要性に気づいたら、実行に移しましょう。

ヒューマン・ポテンシャルの分野は、よりスピーディで高波動の変容、目覚め、創造性、シンクロニシティの方向へ移行しようとしています。それは今まで以上に強力なスピリチュアル・テクノロジーや瞑想法をもたらすでしょう。こうしたテクノロジーは日常生活に根ざしたものでなくてはなりません。

ポイント　人生そのものを瞑想にする

人生がひとつの瞑想になると、大きな革命が起こります。

あなたは日々、自分を健康にしながら生きることになります。そして強力な癒しの中で高波動に共鳴し、マインドとハートが革新的にアップグレードされます。すると波動が上昇し、低波動の二元性に染まった世界を凌駕するパワフルなテレパシー、熱い創造性とエネルギー源、ポジティブなシンクロニシティ、奇跡、ポジティブな力が呼び覚まされるでしょう。

古い低波動のパラダイムは、人々の自由と進化を阻むほど深いところまで浸透している場合があります。こういった制約を私たちの代で終えて、未来の世代と全人類のために波動の低いストーリーを変えましょう。**そうすればコミュニティの基盤で革命的な変化が起きるでしょう。**

高波動こそが革命です。

2日目　クンダリーニ・スイッチ

一つひとつのチャクラは、強力な肉体的・心理的変容へのゲートであり、素晴らしい健康と気づき、幸福感、具現化、最高の人間性に至るための鍵です！

人間のチャクラ・システムは、肉体・マインドと関連しています。

第1チャクラ　基底部（ベース）またはムラードラ
第2チャクラ　仙骨またはサヴァディシュタナ
第3チャクラ　太陽神軽叢またはマニプラ
第4チャクラ　ハートまたはアナハタ
第5チャクラ　喉またはヴィシュダ
第6チャクラ　第三の目またはアジュナ
第7チャクラ　クラウンまたはサハスラーラ

（ここでエジプトの「ラー」とサンスクリット語の関連性に注目しましょう）

このチャクラ・システムは、クラウンチャクラより上の第8〜第14チャクラと相似関係にあります。これが新しい高波動の宇宙のひな型を定着させるためのゲートです。

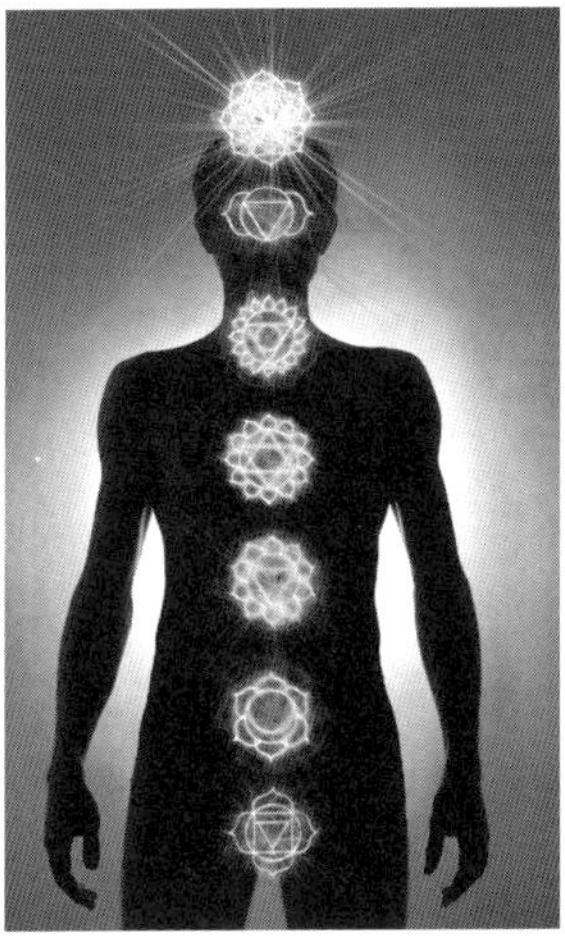

第1チャクラ〜第7チャクラまでの
チャクラ・システム
© Shooarts

カドゥケウスとクンダリーニ・スイッチ

クンダリーニ・スイッチまたはカドゥケウスは、肉体とエネルギー場に刻まれた低波動のトラウマを再調整する強烈な変容のプロセスです。カドゥケウスは今日も医療のシンボルとして認識されています。

クンダリーニはプラーナ、氣、生命エネルギー、蛇のエネルギー、神聖な力、光、意識、スピリットの覚醒と形容されます。クンダリーニを通して健康が増進され、人間的可能性が開花します。

定期的に瞑想している人も、この本を読んで初めて瞑想する人も、スタート地点が自分であることに変わりはありません。どんなレベルにいようと、瞑想の成果を上げる余地は常にあります。定期的に瞑想しながら、さらに上を目指しましょう。

カドゥケウス
© Maximus 256

多くの人は瞑想で得たいものが明確でないため、瞑想の目的やビジョンが曖昧になってしまいます。最高の健康状態をつくり出したいと意図してもいいし、単に素晴らしい瞑想とは何か定義するだけでもいいでしょう。目標を明確にすることで前進し、人生を変えるような恩恵が得られます。

気づきの力を使えば、瞑想の目的とビジョンが明確になり、何を具現化すべきかよくわかるはずです。

瞑想の目的は、エネルギーの強化、深い静けさと平和、創造性と具現化、素晴らしい変容と宇宙にゆだねる姿勢など、時によって違います。

瞑想や変容ワーク、具現化を行うにあたって、目的意識を持つことの大切さを覚えておきましょう。

ポイント　瞑想を愛する

普段の生活に瞑想を取り入れましょう
© Subbotina/Lightwave

上の写真をご覧ください。これを椅子に座った姿勢や、横になった姿勢に応用することもできます。自分の身体の向き不向きに気づきましょう。

ここで最も大切なのは、身体の中心軸と繋がることです。身体の中心軸と繋がることで心が静かになり、意識を研ぎ澄ましやすくなります。

気づきの力が高まるほどストーリーに耳を澄まし、自分が何に同調しているか自覚できるようになります。

職場で写真のような姿勢を取る必要はありませんが、自宅や自然の中、聖地にいる時は、この姿勢で瞑想するといいかもしれません。瞑想中は常に活き活きと、意識的になることがポイントです。瞑想する時は毎回、意識的であり続けるように心がけましょう。そうすれば瞑想の精度が上がり、やがてあなた自身が神殿となり、どこにいても最高の瞑想状態に入れるようになります。

これは瞑想のたびに最善の時間と空間と自分をつくるということです。そうすればあなたの知恵は深まり、最高の具現化が起きます。

一日の中でこうして自分の中心軸と繋がるだけで、日常生活の向上に欠かせない輝かしさ、気づき、内なる平和を体験することができるでしょう。

●瞑想のための時間と場所、平和な心の状態、姿勢を決めてください。瞑想中により意識的になることで最大の効果が得られ、変容と具現化の可能性が高まります。

●身体とマインドをひとつに繋げることが大事です。始める前に、いくつかの姿勢を試しながら体勢を整えましょう。瞑想体験を今いる世界と肉体に定着させるには、こうして心身を繋げる土台作りが大切です。これは非常に実用的な瞑想法です。肉体に刻まれたストーリーを超変容させれば、変化と具現化への扉が開きます。この大事な助言に従えば、スピーディな瞑想で確実な変化と具現化を起こすでしょう！

身体とマインドを繋げるには、各チャクラに、順番に意識を向けながら呼吸することです。このとき、身体とハートとマインドのパワーに集中しましょう。しばらく時間をかけて探求します。こうした手順は省略されがちですが、あなたの経験のレベルにかかわらず、何度でも繰り返してください。

ポイント　呼吸を愛する

意識的でゆったりとした呼吸は心を自然に落ち着かせてくれます。瞑想を実践すればするほど、あなたは呼吸を通して変容と具現化のゲートにいともたやすく入れるようになるでしょう。

これから呼吸を使って瞑想状態を深め、マスターする方法を紹介します。

呼吸のサイクルは、通常、吸う息と吐く息のいずれも能動的な2段階から成ります。このあとの瞑想では、吸う息と吐く息の間に強力な呼吸停止《ポーズ》を取り入れた4段階のサイクルを使います。

実際の瞑想に入る前に、ある程度、時間をかけて練習しましょう。吸う息と吐く息はどちらも能動的です。ここでは呼吸を使って集中力と自己ワークの効果を最大限に増幅させます。

たとえば、特定のストーリーに意識を集中しながら息を吸います。それから呼吸を止め、息を吐きながらストーリーを進化させていきます。瞑想の中でこの過程を繰り返します。これは変容と具現化の成果を高め、瞑想と強力な呼吸のサイクルを使って超加速するための大事な秘訣です。

呼吸をよく意識することで、瞑想状態が深まります。特に停止中《ポーズ》に自己への気づきを深めるようにしましょう。この呼吸法は輝かしさと気づきを高める助けになります。

呼吸と意識は密接に関連し合っています。呼吸と意識をマスターするにつれ、あなたは自分の生命エネルギーと時間をマスターし、やがて人生そのものをマスターするでしょう。呼吸のペースを落とすことで自己をマスターし、あなたを自由にする変容のストーリーを正確に呼び覚ませるようになります。

ポイント　気づきを愛する

瞑想中は意識を研ぎ澄ましてください。自分のストーリーに気づきましょう。ストーリーに身をゆだね、同時にストーリーを自在に使いこなしましょう。何が大事で、何が大事でないか気づいてください。

瞑想しているうちに心が静かになり、自分のストーリーの価値が査定できるようになるはずです。身体とマインドで起きていることに注意を向けてください。

クンダリーニ・スイッチの瞑想

●瞑想中の姿勢、呼吸、気づきについてはすでに考慮したと思います。では、あなたの全注意を第1チャクラに集中しましょう。そこにはどんなストーリーがありますか？　波動的な問題はありますか？　意識的に呼吸しながら、第1チャクラに集中し、このまま1～5分間、第1チャクラの力を活性化させましょう。呼吸のサイクルも意識してください。困難なストーリーが浮上してきたら、この瞑想的な意識状態《ゾーン》を利用して、解決法を呼び起こしましょう。今までと違うストーリー、もっといいストーリーはいつもあります。呼吸しましょう。

そのあと、第2チャクラから第7チャクラまで同じ行程を繰り返します。どのレベルも繋がっていることを自覚してください。土台がしっかりしている方が、各チャクラの生命エネルギーを再起動させ、高度な瞑想と変容と具現化の可能性に入っていく際に、役に立ちます。これは極上の輝かしさと成功に至るための大事なポイントです！

第7チャクラまで変容させたら、この行程をもう一度最初から行ってもいいでしょう。最後に第4チャクラ（ハート）で締めくくり、パワフルな統合を起こします。

●各チャクラに集中しながら瞑想するうちに、意識が微細に、しかし強力に変化することがよくあります。これは最高の変容と具現化に欠かせない段階なので、起きるにまかせてください。

これは瞑想だけでなく、人生にも必要な柔軟性です。定期的に実践すれば、短い時間で最高の変容と具現化が起きます。

目を閉じた瞑想と、目を開けた瞑想の両方を練習しましょう。この本で紹介する瞑想法を参考に、歩きながら瞑想したり、何らかの活動をしながら瞑想してみてください。これは瞑想とスピリチュアリティを、生活の中心に持って来る方法です!

●第1から第7までのチャクラに、順番に意識を集中していくことは、輝かしさに至るための基本です。このとき、各チャクラに意識を数分ずつ、正確に向けましょう。このエクササイズを定期的に繰り返せば、内なる知恵、変容と具現化の可能性が目覚ましく発展し、従来の体系や期待値をはるかに超えた成果が得られるでしょう。

●これは他の瞑想法、視覚化の手法、具現化の手法と合わせて使える、シンプルでしっかりした基本的エクササイズです。変容し、輝かしい世界を具現化するには、まずは自分のストーリーを克服しなければなりません。素晴らしい結果を望むなら、本気で内面に取り組むことです!

瞑想が終わったら、目を開けて日常生活に戻る前に、身体とマインドの繋がりをよく意識しましょう。活き活きとした素晴らしい気分になり、グラウンディングできているはずです!このことに気づくだけで、生命エネルギーが瞬時に発動するでしょう。これは元気になり、力を取り戻し、魔法と奇跡を日々、起こすための貴重な方法です!

こうしてあなたは、この瞬間に可能な限り最高の波動になるのです。それがベストを尽くすということですから！

そして波動を何度でも上昇させれば、そのベストをさらに超えられます！

高い波動は内面の時代遅れのストーリーを上書きし、外の世界の時代遅れのストーリーを書き換えるパワーを呼び覚まします。これは進化に欠かせない、現代社会の最も貴重なエネルギー源なのです！

ポイント　練習を愛する

毎日、無理なく瞑想に割くことのできる時間を決めてください。ここは現実的になりましょう。あなたの瞑想に一番適した時間はいつですか？　体調がいいのは朝でしょうか、夜でしょうか？　時間がないことを言い訳にしないでください。

大事なのは時間のあるなしでなく、時間の使い方です。瞑想を始めたり、普段の瞑想をレベルアップさせたりすることは、自分のライフビジョンを変え、変容と具現化に本気で身を捧げることです。輝かしい変化と最高のライフスタイルを求めているなら、定期的に瞑想することが肝心です。

では、あなたに一番合ったかたちで瞑想ができるように手を貸しましょう。今後、数日間のスケジュールを確認し、一日の中で5～10分、無理なく瞑想できる時間を探してください。スケジュールに余裕がある人は、時間や回数を増やしてもいいでしょう。

最初は、1回5~10分の瞑想から始めましょう。すでに瞑想を実践している方は、この時間を使って意識的に輝かしさを高めることをお勧めします。

初心者であろうと上級者であろうと、焦点は全く同じです。定期的に瞑想すると、神聖な輝きと気づきの瞬間がどんどん増えていくでしょう。

忙しい人は、30分通しで瞑想するより、5分間の瞑想を4~5回するほうがストレスを感じないかもしれません。融通をきかせ、自分に思いきり優しくなりましょう。

多くの瞑想法は古代を起源とし、現代世界の人口や多様なテクノロジーを考慮していません。輝かしさは日常生活においてこそ必要であり、定期的な瞑想も日常に則したものでなければなりません。

私は慌ただしい空港や大都会の中心で、よく至福に満ちた瞑想状態に入ります。すると私の生命力はさらにきらめき、他人もそれを感じ、目の当たりにするほどです!

今の環境や体験を利用し、どこにいても輝かしさを保ち、輝かしさを選ぶ練習をしましょう。そうすれば、瞑想の質が向上します。これは実世界で日々、本当の輝かしさを生きる上で非常に有利です。あなたの輝かしさとスピリチュアリティを活かす場所はこの実世界です。新しい瞑想法は隠れて生きるためのものではありません。パワフルに活き活きと目覚めながら、深い一体感の中でやすらぐためのものです。それは自分とひとつになり、世界とひとつになることです。

3日目　オシリス――輝かしい戦士のひな型

自分の存在意義を理解し、目的と人間的価値をあらゆるレベルで高めるための次なるひな型

オシリス

不死と永遠性の象徴です。

この瞑想は第1チャクラと第7チャクラでオシリスを活性化し、一体性を定着させます（1＋7＝8）（訳者　筆者はセミナーで8は一体性を象徴すると教えています）。

これは恐れとは無縁のひな型です。第1チャクラは今のあなたのストーリーとライフビジョンの波動を自覚し、変えていく上で重要です。第1チャクラは毎日のように変化し、進化していきます。この変化に気づくことが、輝かしい自分をつくり上げる鍵となるでしょう。

自覚と気づきはストーリーを変容させ、新しい人生の旅を生み出します。第7チャクラは、あなたを新しい宇宙のひな型と繋げる、最も高波動のソースコードへの鍵です。

●「2日目」に述べた方法で瞑想の準備をします。

第1チャクラと第7チャクラに集中し、呼吸を意識し、身体とマインドを意識します。

次にオシリスに意識を集中します。これでオシリスという鍵が第1チャクラと第7チャクラ

に入ります。各チャクラに最低5分かけましょう。

●瞑想する度に、ストーリーの変化と新しい可能性に気づきましょう。身体とマインドを意識し続け、高波動へとリセットしながら、各チャクラの強力なパワーを保ちます。

●1回の瞑想で、この手順を何度か繰り返してもいいでしょう。こうするとスイッチが入り、高波動のひな型と実践に秘められた可能性が発動します。

これはとてもシンプルで効果的な毎日の瞑想です。高波動の状態を達成したいなら、内面のワーク、シンプルな瞑想、正確な気づきの大切さを過小評価しないでください。これによって高波動のリセットが起き、より強力な気づきと変容が可能になり、内なる平和と行動に必要なエネルギーレベルが得られます。

これは自分の存在意義を理解し、目的と人間的価値をあらゆるレベルで高めるための次なるひな型です。

新しい運命のひな型

一人ひとりの目的と運命は、人類の新しいひな型に入るための鍵です。瞑想を通して自分の目的と運命に耳を澄ます力を磨けば、深い変容と素晴らしいスピリチュアルな目覚めが起きるでしょう。なぜなら、それがあなたの絶対的真実だからです。

この唯一の真実を曇らせるストーリーや「覆い」があったとしても、瞑想をするほどにあなたの本質と目的は明らかになります。そして驚異的波動の中で運命が解き放たれ、あなたは日々の世界とコミュニティの中で確かに変化を起こすようになるのです。


自分の目的について瞑想する時間を取りましょう。自分の目的とは何なのか、瞑想や実生活の中で少しずつ絞り込んでいきます。そうすれば、日を追うごとにもっと深い理解が得られるでしょう。

ここでは謙虚さが必要です。傲慢な気持ちを捨てれば、自分を知り、理解するための限りない旅が始まるでしょう。

運命の道を歩くことで初めて、本当の意味で自分を知ることができます。あなたの知恵と学びの契約に身をゆだね、自分の存在目的そのものにゆだねましょう。

運命にゆだねるためには、完全な正直さと誠意が必要です。


私は自分の運命を理解しています。それは新しい高波動のひな型への道を、他の人と完全に分かち合うことです。こうしたひな型は、変容を促し、より大きな自己と世界をつくり出すための深遠なアーキタイプを提供してくれます。それは私たちの存在意義を豊かに表し、制約的信念や思考を打破してくれる新しくパワフルなエネルギー構造体です。

また、私の道は一人ひとりが最も輝かしい目的と人生を具現化できるように、その人に合った独自の方法で教えることです。

あなたが目覚めないと、あなたの生み出した幻想を次の世代に残すことになります。だからこそ、古い慣習を破って途方もない変革を起こす新しいヒーラーになり、ポジティブな変化をもたらす人になりましょう。

運命の道によくよく耳を澄ませば、人生は道理に叶ったものとなり、今までの体験もすべて解決し、安心してゆだねることができます。抵抗することをやめて本来の自分になるということです。

運命の道は、静寂の道と新しい戦士の道と密接に関連しています。それは多くの人が甘んじている凡庸で生彩に欠けた生き方を打ち負かす、知性ある生き方です。

私は過去20年にわたり、ヒーリングとは正しい問いかけをすることであると言い続けてきました。

どんな人生や体験にも目的があることがわかれば、テクニックを使うまでもなく、その理解だけですべてが癒されるでしょう。私たちは目的を探しながら、一生の間、彷徨うこともあります。これがすべてのスピリチュアルワークの要《かなめ》です。

「正しい質問をする」というシンプルな行為には、魔法が秘められています。ただ、すべてを知っていると思って傲慢になり、瞑想の過程よりも分析ばかりに気をとられていると、このシンプルな喜びを見過ごしてしまうでしょう。

すべてを知っていると思い込んでいる人は実は何も知らず、それが人生にも反映されます。何をする時も目的意識を持てば、そこに意味が生まれ、あなたは愛と変容に満ちた豊かでパワフルな人生をつくり出すでしょう。こうして初めて、新しいひな型に飛び乗ることができます。

どんなに努力し、たくさん本を読んでいても、この大切なイニシエーションを通過するには、純粋なハートと正確なシンプルさが必要です。それがあれば、自分がここにいる理由と、ここで何を生み出し、何を人と分かち合うべきか間違いなくわかるでしょう。

人生の本質と価値は、自分との関係によって決まります。自分を知ることで、他人をもっと深く愛し、理解し、その人がすべてを達成し、それをさらに超えて行く手助けができます。これが次の千年紀、人類と世界に素晴らしい機会と可能性をもたらす新しいひな型です。

自分の目的と運命に気づいた時、確実に心の平和が訪れます。目的を生きることで、あなたは夢のような輝かしさを手にするでしょう。

それは、一人ひとりが個性を活かし、責任を持つというこの時代と世界にふさわしい生き方であり、愛と目覚めと気づきに溢れたスピリチュアルな生き方です。それは人生が尊いものとされ、この地球の全人類が理解され、敬われ、愛される世界です。

世界を変えるためには、一人ひとりの力が大切です。私はこのことを心から信じています。だからこそ、一人ひとりが変化を起こし、失われた神性のきらめきを取り戻す責任を担っているのです。それが今、個人レベル、全人類レベルで呼び覚まされるべきストーリーです。

4日目　ハトホル――愛のひな型

より良い世界を生み出す、愛のある知性と輝かしい気づきという新しい男女のひな型

ハトホル

「神々の黄金」「デンデラの女主人、偉大なるハトホル」と呼ばれています。

これは、第2チャクラと第6チャクラでハトホルを活性化させる瞑想です（2＋6＝8）。第2チャクラには、あなたの男性または女性としてのストーリーが入っています。このチャクラはより輝かしい関係性や豊かな世界を創造するためのゲートです。

第6チャクラは、超覚醒《スーパーアウェアネス》と知性拡大への鍵です。自分と他者を深く理解する知的な気づきは、心の平和を伴います。平和は純粋な愛と癒しをもたらします。

自分と人類を愛し、友情や関係性、人生の価値を高めるという新しいひな型において、平和は何よりも必要です。**この瞑想は松果体の覚醒を促します。**

平和なくしては超感覚的能力も得られず、超意識という魔法に入ることもできません。

一方、愛に満ちた思考はパワフルな具現化を起こし、一見、制約に映るものを変容させます。

●すでに述べた方法で瞑想の準備をします。第2チャクラにはあなたの男性または女性として

のストーリーが入っています。このチャクラは輝かしい関係性を解き放つための鍵です。

●第6チャクラは新しい超覚醒と知性拡大への鍵です。この瞑想は松果体の強力な覚醒を促します。

●第2チャクラと第6チャクラに意識を集中し、気づきを高め、身体とマインドを感じ、呼吸して、「ハトホル」……。

●この瞑想のプロセスを繰り返します。こうすると高波動を選ぶスイッチが何度でも入ります。

これは実に効果的な瞑想です。第6チャクラに集中しながら、第2チャクラにもぴったり意識を合わせる練習をしましょう。ふたつのチャクラを同時に意識しながら呼吸します。この状態を保ちながら新しい生命エネルギー、健康、幸福感、最高の生き方を発動させましょう。

平和はこの時代に不可欠です。内なる平和と解決を生み出し、時代遅れの男性または女性としての固定観念的ストーリーから自由になりましょう。これはより良い世界を生み出す、愛のある知性と輝かしい気づきという新しい男女のひな型です。

新しい平和のひな型

瞑想する際に最もマスターすべきもののひとつは、心の平和です。慌ただしい毎日の中でどこまで心を静められるかは、あなたの練習次第です。現代人は大量のホワイトノイズの中で暮らしていますが、静けさの道は、輝かしさと変容のブレークスルーをはばむ日常生活の喧噪から私たちを解き放ちます。瞑想を通して静けさを知ることはとても大事です。

静けさは、何層にもなった心の傷を一気に通過し、輝かしい自己にアクセスさせてくれます。輝かしい自己はすべてを奇跡のように一瞬で癒します。

私はよくサハラ砂漠に馬で出かけ、大いなる虚空《ヴォイド》のような静けさに入ります。そこにある時間と空間と、砂漠のもたらす深い静けさを全身で受け止めます。この無限の広がりこそ、瞑想中に体験すべき感覚です。現代世界の要求と喧噪の中で、時間と空間は素晴らしい味方です。

静けさに入ると、自分の声に耳を澄ますことができます。静けさの道とは耳を澄まし、自己への道、他者への道を愛することであり、この愛の旅を信頼することです。静けさはあなたのやるべきこと、行くべき方向を教えてくれます。

すると完璧なタイミングで生きるようになります。人生で行動すべき瞬間、流れが変わる瞬間を直感したいとき、あなたは静けさに入ります。

何らかの行為に従事し、会話し、活動するのがあたり前のこの現代世界で、静けさは時空の中で悠々と佇む頼もしい友人となります。

静けさは、あなたの今と将来を限定するストーリーに満ちた現代生活で、心の平和と空間を与えてくれるでしょう。

静けさは聖なる女性性そのものです。この美しく、広がりのある、意識を持った静けさを取り入れて、人生の質を高め、あなたがこの世界に与えるものを高めましょう。静けさはあなたの気づきをさらに研ぎ澄まし、あらゆる行動、隙間、思考、言葉を最上のものにしてくれます。

5日目　ホルス――英雄のひな型

古い苦痛や葛藤のストーリーの継承に終止符を打つ、新しい変容と具現化のひな型

ホルス

輝かしさの象徴です。

両翼を上げたタカによって象徴されるHERまたはHORUSは、古代エジプトにおけるファラオの強力な統治を表すシンボルです。HERはのちにHORUSに進化し、「輝ける」と訳すことができます。**ホルスは光とまばゆいばかりの輝きを表す重要なシンボルであり、輝ける者たちと繋がる生ける系譜を内面につくり出します。ホルスはあなたの光とまばゆさそのものであり、**最も古い信仰と繋げてくれます。

この瞑想は第3チャクラと第5チャクラでホルスを活性化します（3＋5＝8）。

第3チャクラには感情にまつわるストーリーや波動が入っています。これは英雄に至るゲート、自由と平和に満ちた幸せに至るためのゲートです。

第5チャクラは輝かしいコミュニケーションと具現化への鍵を握っています。この革新的ひな型はあなたの感情の使い方を大きく変え、人生を大切にするための時間と空間をつくってくれるでしょう。

これによって健康と幸福感が増し、素晴らしい具現化とコミュニケーションを可能にする新たなエ

ネルギーレベルに達します。

すると感情の知恵が呼び覚まされ、肉体の癒しが起き、新しい気づきと具現化の可能性が開けます。

この新しいレベルの変容と具現化は、苦痛や葛藤のストーリーの継承に終止符を打つでしょう。

●第3チャクラと第5チャクラに意識を向けて瞑想し、呼吸の流れに気づき、身体とマインドを同時に感じ、「ホルス」……。
波動の変化と新しい可能性に気づいてください。

●この時、第3チャクラと第5チャクラに高波動の意識を正確に入れます。高波動の変容を起こす瞑想は、どんな制約されたストーリーも書き換え、輝かしい具現化へのゲートを開きます。

●1回の瞑想でこの手順を何度も繰り返します。これによって高波動へのスイッチが入ります。
最後に第1、第2、第3、第4（ハート）チャクラと、順番に意識して終了です。

6日目　イシス――魔法のひな型

人類のストーリーを変え、戦争と苦痛を終わらせる、次のレベルの愛と許しと優しさのひな型

イシス

「私は在りしもの、今在るもの、そしてこれから在るもののすべてなり」

イシスは忠実な妻、献身的母親、力の言葉の女主人、自然の女神の象徴であり、自然と魔法を完全に体現しています。

●イシスと第4チャクラと聖なるハートに意識を集中して、瞑想します（4＋4＝8）。第4チャクラは人間的輝かしさに至るゲートであり、人間のハートを通して神の愛に至るゲートです。第4チャクラは、宇宙のハートの鼓動への輝かしいゲートです。

●自分のハートの新しいストーリーを思い描き、解き放ってください。この瞑想を最低5分続けます。

日々の変容を起こしたいなら、この手順を何度も繰り返しましょう。

ハートの波動が上がれば、健康に欠かせない力強いエネルギー場を維持し、波動とストーリーを確

かに変えられることが実証できます。これは人類のストーリーを変え、戦争と苦痛を終わらせる、次のレベルの愛と許しと優しさです。

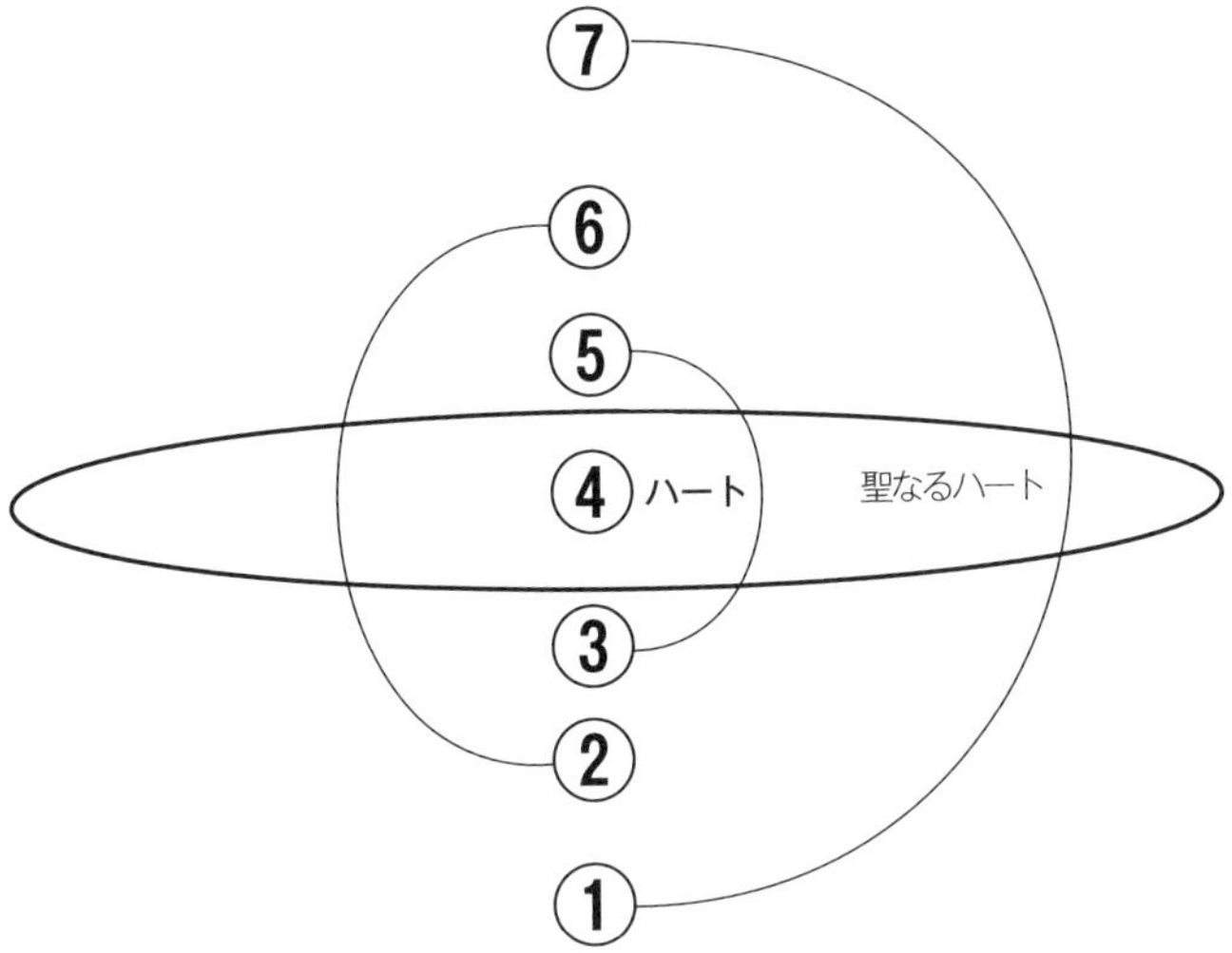

チャクラと聖なるハート

7日目　オシリス・ハトホル・ホルス・イシス——最高波動のひな型

輝かしい具現化のための、ビジョンと平和とパワー溢れる次なる高波動のひな型

オシリス

不死と永遠性の象徴です。

第1チャクラはあなたのストーリーやライフビジョンの波動へのゲートです。第7チャクラはソースコードへのゲートです。

オシリスと第1チャクラ、第7チャクラに正確に意識を向けながら瞑想します。

●オシリスと第1チャクラ、第7チャクラに意識を集中して瞑想します（1＋7＝8）。

これによって変容と具現化の新しいゲートが開きます。

ハトホル

「神々の黄金」「デンデラの女主人、偉大なるハトホル」と呼ばれています。

第2チャクラはあなたの男性または女性としてのストーリーと波動へのゲートです。

第6チャクラは超覚醒と知性への鍵です。

●ハトホルと第2チャクラ、第6チャクラに意識を集中して瞑想します（2＋6＝8）。
これによって変容と具現化の新しいゲートが開きます。

ホルス

輝かしさの象徴です。

第3チャクラは感情にまつわるストーリーと波動へのゲートであり、英雄と幸せに至る新しいゲートです。

第5チャクラは輝かしいコミュニケーションと具現化への鍵です。

●ホルスと第3チャクラ、第5チャクラに意識を集中して瞑想します（3＋5＝8）。
これによって変容と具現化の新しいゲートが開きます。

イシス

「私は在りしもの、今在るもの、そしてこれから在るもののすべてなり」

第4チャクラは人間的輝かしさに至るゲートであり、人間のハートを通して神の愛に至るゲートです。

第4チャクラは、宇宙のハートの鼓動への輝かしいゲートです。

この瞑想を最低でも10分間行います。最後に第1、第2、第3、第4（ハート）と順番に意識していき、エネルギーを定着させます。

●イシスと第4チャクラと聖なるハートに意識を集中して瞑想します（4＋4＝8）。

これによって変容と具現化の新しいゲートが開きます。

この強力な超変容、超覚醒、超具現化のプロセスは、定期的に練習することでさらにパワーアップします。こうしてソースコードを活性化する方法をマスターし、人生で変容と具現化の奇跡を起こしましょう。

変容と具現化を起こすためには、この手順を何度でも繰り返してください。

あなたの波動が上がれば、完全で力強い自分を保つことができます。そして、波動を変えて輝かしい夢を叶えることは確かに可能だと実証できます。

毎日、ライフビジョンの日誌をつけましょう。瞑想とライフビジョンのワークを通してソースコードという鍵の持つ可能性を探りましょう。瞑想中の体験を記録し、あなたの人生の目的と望む変容のビジョンを書いてください。

8日目　ラー——スピリチュアルな戦士のひな型

ラー

マアトの父であり、宇宙における正義と公正の源とされていました。

●目を閉じて呼吸し、内面の世界に入りましょう。第1チャクラから第7チャクラまで正確に意識を向けていきます。

瞑想していると、内面が一瞬で奇跡的に変わることがあります。どんな変化も可能な、この魔法のような瞬間に気づくようにしましょう！

●瞑想中は意識を研ぎ澄ましていましょう。呼吸はデトックスを促し、気づきとエネルギーレベルを高めてくれます。心身ともに意識的であれば、気づくことで変容が起き、ストーリーが変わっていきます。各チャクラを意識し、微細なストーリーや変化に気づきましょう。こうすると高い波動を解き放つことができます。

低い波動から高い波動へと簡単に意識を切り替えましょう。ここでは気づくことが切り替えのスイッチとなります。この手順を毎日丁寧に実践すると意識がより柔軟になります。

●パワフルな瞑想と変容を体験するには、地球の重力を感じ、グラウンディングし、肉体と繋がる必要があります。身体とマインドがパワフルで生き生きとしていれば、生命力の高まりが感じられるでしょう。このまま、さらに生命力を高めていきましょう。強力な呼吸のサイクルは生命エネルギーを増進させ、それによって波動が変えられます。自分の生命エネルギーの状態に正確に気づき、高い波動を知覚しましょう。高い波動を体験し、探求し、理解しましょう。自分の生命エネルギーを感じ、その感覚をよく覚えましょう。

●第1チャクラから第7チャクラまで順番に、正確に意識していきます。

●第1チャクラから第7チャクラまで、順番にラーを意識しながら瞑想します。各チャクラに最低2分かけましょう。

●それぞれのチャクラに入っているストーリーを意識します。それ以外の可能なストーリーにも気づきながら、各チャクラの最も輝かしいストーリーを選びましょう。

●第7チャクラの真上にある、第8チャクラから第14チャクラまで、順番にラーを意識しながら瞑想します。これは新たなスピリチュアルな戦士の高波動のひな型を発動させます。

●スピリチュアルな戦士を定義し、それをあなたのライフビジョンの一部としましょう。ここに具現化のパワーがあります。最後に第1、第2、第3、第4（ハート）チャクラと順番に意識していき、変容と高波動を定着させます。

9日目　セクメト――力強いヒーラーのひな型

セクメト

力や強さを意味するSEKHEM《セケム》という言葉に由来します。

●第1チャクラから第7チャクラまで、順番にセクメトを意識しながら瞑想します。各チャクラに最低2分かけましょう。

●それぞれのチャクラに入っている力強いストーリーを意識し、それ以外の可能なストーリーにも気づきながら、各チャクラの最も輝かしいストーリーを選びましょう。

●第7チャクラの真上にある第8チャクラから第14チャクラまで、セクメトを意識しながら瞑想します。これは新たな力強いヒーラーの高波動のひな型を発動させます。

●力強いヒーラーとは何かを定義し、これをあなたのライフビジョンの一部としましょう。ここに具現化のパワーがあります。最後に第1、第2、第3、第4（ハート）チャクラと順番に意識していき、変容と高波動を定着させます。

10日目　シュウとテフヌト——タイムトラベラーのひな型

シュウ

大気の神シュウは冷静さをもたらすため、真実と正義と秩序の神マアトと関連づけられます。

テフヌト

単為生殖の産物であり、体液と関連性を持ちます。

●第1チャクラから第7チャクラまで、順番にシュウとテフヌトを意識しながら瞑想します。呼吸を使って各チャクラとパワフルに意識的に繋がり、ソースコードを再起動させましょう。

●自分のストーリーを意識し、そのストーリーを簡単に変えられることも自覚しましょう。このエクササイズがあなたの生命力を強化し、それによって各チャクラのレベルで目覚ましい変容が起きることに気づきましょう。

●第7チャクラの真上にある第8チャクラから第14チャクラまで、シュウとテフヌトを意識しながら瞑想します。これは新たなタイムトラベラーの高波動のひな型を発動させます。過去や未来のストーリーへと旅し、これらのストーリーを変え、改善しましょう。

●最後に第1、第2、第3、第4（ハート）チャクラと順番に意識していき、この瞑想を定着させます。

●一つひとつの瞑想を丁寧に熱心にこなしていくたびに、さらなる生命力が発動します。ここで大切な情報があります。これはソースコードを定着させるための変容なのです。あなたが変容することで、新しいレベルの生命エネルギーを呼び覚まし、低波動のストーリーやその場しのぎの窮屈な瞑想や変容法から解放されるのです。

●ソースコードと高波動の生命エネルギーはあなたの健康と幸福感と日常生活と密接に関連しています。この時代は、低波動のストーリーの有害なパターンを断ち切り、自由をもたらす有効なテクノロジーを使うことが肝心です。これは時間とエネルギー源に満ちた最高の現実をつくっていく、現代のスピリチュアルな戦士の生き方です。

ギザのスフィンクス
2014年撮影 ©Tracey Ash Film and Photo Archives

●意識的になりながら、目覚めと変容をもたらす輝かしい可能性の中へと旅しましょう。

●毎日瞑想することで、あなたはますますパワフルな超変容が起こせるようになるでしょう。

11日目　トート――知恵の戦士のひな型

トート

文字の発明者、言語の創造者、書記、通訳、神々の助言者、太陽神ラーの代理人です。良き助言者であり、巧みな説得能力を持つトートは、学問や測定と関連づけられます。古代ギリシャ人はトートをギリシャの神ヘルメスと同一視したため、トートはやがてヘルメスと融合し、「ヘルメス・トリスメギストス」と呼ばれるようになりました。

●第1チャクラから第7チャクラまで、順番にトートを意識しながら瞑想します。各チャクラに最低2分かけましょう。

●それぞれのチャクラに入っている強力なストーリーを意識し、それ以外の可能なストーリーにも気づきながら、各チャクラの最も輝かしいストーリーを選びましょう。

●第7チャクラの真上にある第8チャクラから第14チャクラまで、トートを意識しながら瞑想します。これは新たな知恵の戦士の高波動のひな型を発動させます。

●知恵の戦士とは何かを定義し、これをあなたのライフビジョンの一部としましょう。ここに具現化のパワーがあります。最後に第1、第2、第3、第4（ハート）チャクラと順番に意識していき、変容と高波動を定着させます。

12日目　アテン――平和の戦士のひな型

アテン

「真実の王子」アテンは、内なる導きと個人的責任の源とされていました。

●各チャクラと意識レベルで、順番にアテンを意識しましょう。正確に焦点を合わせることで、ソースコードを再起動させます。

●ソースコードという精妙な思考の具現化のテクノロジーは内面の変容を起こします。自分のストーリーを意識し、ソースコードを使えばそのストーリーを簡単に変えられることも自覚しましょう。正確に行うことで、あなたの生命力は強化され、各チャクラのレベルで目覚ましい変容が起きます。

●ソースコードと高波動の生命エネルギーは、あなたの健康と幸福感と日常生活と密接に関連しています。ソースコードを使うと心の平和、健康、スピリチュアリティが増すでしょう。この時代は、低波動のストーリーの有害なパターンを断ち切り、自由をもたらす有効なテクノロジーを使うことが肝心です。

●それぞれのチャクラに入っている強力なストーリーを意識し、それ以外の可能なストーリーにも気づきながら、各チャクラの最も輝かしいストーリーを選びましょう。

●第7チャクラの真上にある第8チャクラから第14チャクラまで、順番にアテンを意識しながら瞑想します。これは新たな平和の戦士の高波動のひな型を発動させ、あなたは日々、ますます心が平和になってパワーアップします。

13日目　マアト――真実の戦士のひな型

マアト

真実と正義と宇宙の秩序と同一視されます。夢の領域には女性性の叡智に至るためのゲートがあります。大いなる人類と世界への梯子《はしご》（または道）は、マアトの原理によって統制されています。

●各チャクラと意識レベルでマアトに集中しながら瞑想し、ソースコードを再起動させます。

●第1チャクラから第7チャクラまで、マアトを意識しながら正確に焦点を合わせましょう。次に、第7チャクラから第1チャクラまで同じ要領で行います。

●各チャクラに正確に焦点を合わせながら、呼吸を深めていきます。意識を研ぎ澄ましましょう。呼吸はデトックスを促し、気づきとエネルギーレベルを高めてくれます。心身ともに意識的であれば、気づくことで変容が起き、ストーリーが変わっていきます。各チャクラと、意識レベルで微細なストーリーや変化に気づきましょう。こうするとさらに高い波動が解き放てるようになります。瞑想を重ねる中で、常にこのことを意識するよう心がけましょう。

●第7チャクラの真上にある第8チャクラから第14チャクラまで、マアトを意識しながら順番に焦点を合わせていきます。この瞑想とライフビジョンのワークを通して、真実の戦士の高波動のひな型と繋がりましょう。

●最後に第1、第2、第3、第4（ハート）チャクラと順番に意識しながら高い波動を定着させます。

真実の力

波動が上がると自己への気づきが高まるので、輝かしい自分を否定するストーリーを信じたり、癒しを諦めたりする状況から抜け出すことができます！

人は日々の選択や、自らが迎合《げいごう》してつくり出すストーリーにより、輝かしさを放棄します。

毎日、ますます光り輝くという選択をしてください。輝かしく生きるということは、あなたの光を覆い隠す根深いストーリーや嘘を超えた、あなたが知っている本来の自分を生きることです。

自分の輝かしさに常に気づき、それに従って生きる自由を自分に与えましょう。あなたが選びさえすれば、輝かしい人生を具現化することは可能です。どうか高い波動の中で生きてください。自由になって、その自由を保ってください。

14日目　クリエイティブな瞑想

午前

メモを貼ったり携帯電話のアラームを利用して、常に意識的になりましょう。これは変容を促すポジティブで高波動の意識を保つ実験です。

午後

特に何もしません。どちらの方法が一日の流れを変えるか見てみましょう。こうすると自己責任が芽生えるので、セミナー中の自己ワークや瞑想の結果が格段に上がり、あなたのライフビジョンもさらに向上します。

限られた一時しのぎの自己ワークを脱し、すみやかに二元性から抜け出すこともできます。エネルギーを消耗し、生命力を消耗するゲームをやめましょう！　多くの人はエネルギー的に枯渇しているため、自分のストーリーに気づいてもそれを変えられません！　そして対処法がわからないまま、このゲームを続けるのです。

低波動のアプローチや期待は、あなたの夢見るブレークスルーや大切な分野に歯止めをかけてしまいます。

私はひとりの先生として、こうしたアプローチの影響を外すというチャレンジが大好きです。スピリチュアリティには素晴らしい可能性があるのです！

普段の瞑想法が単なるリラックス効果しかなかったとしたらどうしますか？　何十年瞑想しても、あなたが夢見る（そして当然、起こすべき）ブレークスルーが起きないとしたら？

こうしたアプローチが完全に間違っているとは言いませんが、多くの場合は滑稽なほど時間がかかり、そこがまさに本物ではない証拠です。

これに、目覚めていないファシリテーターが加わると、変容は絶望的でしょう！　そのファシリテーターには本来のあなたと可能性が見えないのですから！　素晴らしいファシリテーターを具現化できなければ、前進には時間がかかるかもしれません。

そして低波動のストーリーがさらなる制約を取り込んでは生み出しながら、継続していくのです！　輝かしい生命エネルギーを埋もれさせ、中途半端に生きている時間はありません。

私はエネルギーワークを愛していますが、エクセレンス（最高の状態）を体験せずしては、変容は遅々として進まず、奇跡は現実からかけ離れた手の届かないものとなるでしょう！

自分の輝かしさと繋がり、パワフルな瞑想をしてその輝かしさを維持してください！　これには努力が必要です！

15日目　シリウス——星を旅する者《スター・トラベラー》のひな型

ギザの大ピラミッド

ギザの大ピラミッド群は、この世界と一人ひとりの中に宿る宇宙のパワーと神性を表現し、増幅させるつくりになっています。エリートたちの力をオフにするということです！

●第1チャクラから第7チャクラまで、順番にシリウスを意識しながら瞑想してください。ではソースコードを再起動します。

●各チャクラに正確に焦点を合わせながら、呼吸を深めていきます。呼吸はデトックスを促し、気づきとエネルギーのレベルを高めてくれます。瞑想を重ねる中で、常にこのプロセスを意識するように心がけてください。

高波動は、意識をゼロポイント・フィールドとあらゆる可能性の中へとシフトさせてくれます。

●古代人は、その比類なき遺跡の設計に少なからぬ手がかりと時を超えた叡智を残しました。あなたの身体とマインドを完全に意識し、そこに宿る叡智に気づきましょう。ゼロポイント・フィールドに入ると次元の制約から自由になり、どんなことでもつくり直すことができます。

神秘主義者や預言者と呼ばれる人々は、ゼロポイント・フィールドに入って奇跡的な癒しや預言能力を発揮します。こういった人々はゼロポイント・フィールドを思いのままに使いこなす訓練を受けています。ゼロポイント・フィールドをこの次元に定着させると、奇跡のような超高速の変化が起きます。

●第7チャクラの真上にある第8チャクラから第14チャクラまで、シリウスを意識しながら焦点を合わせていきます。これは星を旅する者《スター・トラベラー》のひな型を発動させます。最後に第1、第2、第3、第4（ハート）チャクラと順番に意識しながら高い波動を定着させます。

毎日の瞑想を続けることで、自分の全ストーリーを受け入れながら、ポジティブな方向に進めるでしょう。自由になって主権性を得た、今のあなたならできます。

私たちにできる最善のことは、平和の戦士の道を歩き続けることです。それができれば、いつ戦うべきかわかるようになるでしょう。

内面で起きる変化に気づき（小さな美しい変化です）、世界と人類の集合意識のストーリーのためにポジティブな変化を夢見ましょう。**これが新しい生き方です。**これが変化を起こすポジティブなスイッチです。

仲間と一緒にコミュニティで協力すれば、不要な対立を避け、エネルギーを消耗して大切な進歩が阻まれることもありません。

自分に、変容という贈り物をもっと与えましょう。ここでは惜しみなく与えることが鍵であり、揺るぎない高波動の土台なくしては与えられません。

今の自分を完全に受け入れながら、次のステージについて考えましょう。一回の瞑想で終わることがセレスティアル・ヒーリングではありません。

セレスティアル・ヒーリングは活き活きとした、柔軟で、知性のある、目覚めた、高波動の実践法です。それは知性を持ったテクノロジーであるがゆえにポジティブな変化を引き起こします。これはあなたの世界に現実的な答えや解決法をもたらす瞑想テクノロジーなのです。

ギザの大ピラミッド
©Alphaspirit

セレスティアル・ヒーリングは**瞑想の実践であり、瞑想を通してどんなポジティブな変化が生み出せるか探ることです。**窮屈で堅苦しい方法や、退屈でワンパターンな型にはめない限り、セレスティアル・ヒーリングは無限の可能性を秘めています。

瞑想は内面の聖なる知性と自由と平和を呼び覚ますためにあり、人類の新たなステージとストーリーを加速させるためにあります。

古代人はそのことを知っていました。この太古からのストーリーはともすれば隠蔽《いんぺい》、または抹消されていたのです。

これがポジティブな変化を起こす戦士の新しいひな型のストーリーです。行動せずに受け身でいるのは間違いです。あなたは平和でありながら、同時に積極的でなければなりません。それが瞑想、生命、人間という絶えず変化していく存在の本質です。それはしばしば言葉を超えた、広大で抽象的な知性の本源であり、人間は通常それを認識し、言い表すための言葉や気づきを持っていません。

それを一度、理解するだけでは十分でありません。本を読むだけでも足りません。自分の中で理解し、概念化して始めて、この無限の真理、無限の知性をものにすることができるのです。それを否定することは、自らの宇宙的ひな型を否定し、エリートたちによる支配構造の奴隷で居続けることです。そしてどんなに陰謀論に対抗しても、人間の自由を奪う体制を決して破壊できないでしょう。

瞑想は人間の大いなるストーリーにアクセスするための大切な実践法であり、自己鍛錬法です。あなたが**内なる宇宙のひな型を信じ、体験することができれば、自分をはじめ多くの人の未来のストーリーを変えるスイッチとなり、鍵となることができるでしょう。**

これは地球を愛し、より輝かしい人類になるための希望の種です。

用語解説

【アクー　AKHU】

宇宙的人間のアーキタイプは古代エジプトにおいて重要な概念であり、ヘルメス主義やグノーシス派の教えにも登場します。アクーは世界の次なる段階と人類の進化にとって中心的役割を果たします。

【アテン　ATEN】

「真実の王子」アテンは、内なる導きと個人的責任の源とされました（アテンは人間の宇宙的ひな形《テンプレート》と後世のキリスト教の初期のルーツです）。アケトアテン（テル・エル・アマルナ）にあるイクナートンの墓地とアテンの小神殿はいずれも春分の日に太陽の昇る方向を向いていますが、ここでもオシリスの復活との関連性がみられます。

イクナートンは「アテンの家」または「ベンベンの館」で、「アテン大神殿」の建造計画を進めました。ベンベン石の現物は、ヘリオポリスにある太陽神ラー（ラー・ホルアクティ）または「地平線のラー・ホルス」の神殿に鎮座していました。

【イシス　ISIS】

「**私は在りしもの、今在るもの、そしてこれから在るもののすべてなり**」

古代エジプトの町サイスにあったイシス神殿の銘文にはこのように書かれていました。

オシリスの妻であり片割れのイシスは夫を支えていました（イシスとオシリスの神話は、本書１４２ページを参照）。

イシスは忠実な妻、献身的な母親、力ある言葉の女主人、自然の女神の象徴であり、自然と魔法を完全に体現しています。

【オシリス　OSIRIS】

オシリスはマアトの内なる祭壇にいる永遠性と不死の象徴です。

ヘリオポリスの九柱神はアトゥム、シュウ、テフヌト、ヌウト、ゲブ、オシリス、イシス、セトとネフティスから成ります。オシリスはケルトのグリーンマン、ローマのアッティス、バビロニアのタンムズ、シュメールのドゥムジとも関係しています。

オシリスは春分の日に祝われるため、大ピラミッドとキリストとの結びつきがうかがえます。再生と復活のオシリス信仰は、不死と永遠性と強く結びついていました。ギリシャの歴史家プルタークによれば、セトはエチオピアの女王と72人の共謀者と共にオシリスの殺害を企てました。

【輝ける者たち　THE SHINING ONES】

カルサグの九柱神は至高の者、スピリットの主人、そして7人の大天使から成ります。この9人一組の神々は、エジプトのヘリオポリス（またはオン）の九柱神と関連しています。「輝ける者たち」は紀元前約9300から8200年にかけて定住し、農業共同体と教育センターを設立した、超高度の技術と文明を持った集団でした。

【クンダリーニ　KUNDALINI】

クンダリーニ覚醒は、各エネルギーセンター（またはチャクラ）で体感可能な生命力が目覚めていく自然なプロセスです。それぞれのチャクラはゲートであり、これが活性化することで、強力な心理的また肉体的変容が起き、健康と幸福感が増幅します。

真のクンダリーニ覚醒が起きると、各チャクラにおいて一連の体験が起こります。それは各エネルギーセンターを介して肉体とエネルギー場に刻み込まれた低波動のトラウマを解消する、強烈な変容のプロセスです。

クンダリーニはプラーナ、氣、生命エネルギー、蛇のエネルギー、神聖な力、光、意識、スピリットとして形容され、ヨガや瞑想、幻覚剤、薬草の摂取、エネルギーヒーリング、霊的覚醒、デトックス、体外離脱体験、臨死体験、松果体神経心理学によって自然に呼び覚ますことができます。今日、定期的な瞑想は健康と幸福感を増進させる作用があります

【ゲブ　GEB】

ヘリオポリスの九柱神の一柱。大地と関連性を持つゲブは、この世界を物理的に支える存在としてよく描かれています。ゲブと妹のヌウトは、ヘリオポリスの神々の第二世代を形成しました。エジプ

ト美術において、大地を表すゲブはしばしば天空の神ヌウトと共に大気の神シュウの足元に横たわっています。

【歳差運動　PRECESSION OF EQUINOXES】

地球の歳差運動は2万5920年の周期を持っています。ここで新しい星座が春分の日の東の地平線に現れます。各星座は2160年を表し、3つのデカン（各720年）から成ります。これらの数値は「神の家」と呼ばれた大ピラミッドの測定値にも反映されています。

【シュウ　SHU】

ヘリオポリスの九柱神の一柱。冷静さをもたらす大気の神シュウは、真実と正義と秩序の神マアトとの関連性から、1〜4本のダチョウの羽根を頭に付けて描かれています。ダチョウの羽根は軽さと空《くう》の状態を表します。天空と大地の間にいるシュウは風の神としても知られます。

【松果体　PINEAL GLAND】

松果体は脳にある小さな内分泌器で、「松果腺」「上生体」とも呼ばれます。松果体は脳の中央、2つの半球の間の視床上部近くに位置し、季節のリズムと概日リズムにおいて睡眠パターンを調節するホルモンであるメラトニンを分泌します。メラトニンはセロトニンを材料にしています。松果体は小さな松ぼっくりの形をしていますが、松ぼっくりは古代からの普遍的なシンボルです。

【シリウス　SIRIUS】

古代エジプト人はシリウスをイシス、ハトホル、オシリス、ホルスと関連づけていました。大ピラミッドの高さは146・58メートルですが、この1460または1461という数字はソティス暦（シリウス暦）と関係しています。

シリウス（おおいぬ座アルファ星）は夜空で最も明るい星です。実視等級はマイナス1・47等級で、次に明るい恒星カノープスの2倍近くの光度で輝きます。

シリウスという呼び名は「輝く」「焼き尽くす者」を意味する古代ギリシャ語 Seirious に由来しています。肉眼では単独星に見えますが、実はシリウスは二重連星です。主星は白いスペクトル型AⅠVの主系列星でシリウスAと呼ばれ、伴星はスペクトル型DA2の暗い白色矮星でシリウスBと呼ばれます。

【セクメト　SEKHMET】

セクメトという名は、力や強さを意味するSEKHEM《セケム》という言葉に由来します。「強き者」セクメトは戦争やラーの敵を討ち滅ぼす者とされ、病気や医療、ヒーリングと結びつけられていました。エジプトの他の猛々しい女神同様、セクメトも「ラーの目」と呼ばれました。彼女はプタハの対となる女神であり、メンフィスで信仰されていました。セクメトは雌のライオンまたは太陽円盤とウラエウス蛇をつけた雌ライオンの頭をした女性として描かれています。

【セト　SETH】

セトは砂漠の神であり、戦争と嵐と無秩序の主です。セトはこの秩序ある世界に必要な暴力と無秩序という創造的要素を体現しています。

【ソースコード　SOURCE CODES】

ソースコードとは、高波動で生きるための超意識のエネルギー源です。

【テフヌト　TEFNUT】

ヘリオポリスの九柱神の一柱。太陽神ラー・アトゥムの娘で、兄のシュウの対となる湿気の女神テフヌトは、天空の神ヌウトと大地の神ゲブを生みました。オシリス、イシス、ネフティスはテフヌトの孫であり、神話のバージョンによっては大ホルス（ヘル・ウル）も数えられます。テフヌトはヘリオポリスの神々のひとりであった小ホルス（オシリスとイシスの息子ホルス）の曾祖母でもあります。テフヌトとその双子の兄シュウの神話に関してはいくつかのバージョンがありますが、すべてのバージョンでテフヌトは単為生殖の産物であり、体液との関連性がみられます。

【デンデラの黄道帯　DENDERAH ZODIAC】

星々を平面に描いた天球図。そこには黄道12宮の星座と、その周囲を囲む36のデカンが描かれています。各デカンは一等星の集まりで、それぞれ10日間を表します。デカンの概念は約30日間の月の周期と、シリウスのヘイアカル・ライジングに基づいた古代エジプト暦で用いられたものです。また、惑星（水星、金星、火星、木星、土星）や月、シリウス、オリオン、北天の3星座（龍座、小熊座、大熊座）と神殿の中心軸が描かれています。

【トート　THOTH】

トートは文字の発明者、言語の創造者、書記、通訳、神々の助言者、太陽神ラーの代理人です。巧みな説得能力を持ち、良き助言者であったトートは、学問や測定と関連づけられています。古代ギリシャ人はトートをギリシャの神ヘルメスと同一視したため、トートはやがてヘルメスと融合し、「ヘルメス・トリスメギストス」と呼ばれるようになりました。このため、古代ギリシャではトート信仰の中心地はヘルモポリス（ヘルメスの町）と呼ばれました。

【ヌウト　NUT】

ヘリオポリスの九柱神の一柱。天空の女神ヌウトはしばしば大地の神ゲブの上で身体をアーチ状にかがめた女性として描かれています。

【ネイト　NEITH】

ネイトを表すヒエログラフとシンボルは、一部が機織り機のように見えます。エジプトの神話が古代ギリシャの文化に組み込まれた時、ネイトは機織りと関連づけられました。この時、創造者としてのネイトの役割は、この世界とすべての存在を織り上げたギリシャの女神アテナと同一視されました。

【ネフティス　NEPHTYS】

ヘリオポリスの九柱神の一柱。ネフティスは聖なるフェニックス（またはベニュー鳥）固有の守護女神とされました。この役割は、「ベニュー鳥の館」と呼ばれていた古代ヘリオポリスとの初期の繋がりに由来するかもしれません。

【ハトホル　HATHOR】

ハトホルは「雌の鷹」「黄金の雌牛」「イチジクの木の貴婦人」「プントの偉大なる貴婦人」（香と黄金とミルラの守護神）、王の敵に有毒な炎を吐く毒蛇として知られます。原初の混沌から睡蓮の花が出現した時、睡蓮の中にいたラーは目を開け、さめざめと涙を流しました。この時、地面に落ちた涙がひとりの美しい女性の姿に変わり、「神々の黄金」「デンデラの女主人、偉大なるハトホル」と名付けられました。

【ヘリオポリス神話　HELIOPOLIS MYTH】

水から生まれた「完全なる者」「未だ存在しない者」アトゥムは、原初の丘に立つと、最初の対となる宇宙の神々、シュウとテフヌトを生み出した。するとまばゆい光の領域ができ、「成る者」ケプリが東の地平線に出現した。それから宇宙が現れ、シュウとテフヌトの間に空の女神ヌウトと大地の神ゲブが生まれた。ゲブとヌウトが完全に分離すると、オシリス、イシス、セトとネフティスが天の子宮から生まれた。

この話はヘリオポリスの創世神話や、古代エジプトの「最初の時」ゼプテピに関する神話を通して神々から継承されたものです。ゼプテピとは、かつてネテルが地上で暮らしていた太古の時代を指します。ネテルは「輝ける者たち」の生ける遺産というべき存在です。

おお、オン（ヘリオポリス）の大九神よ。アトゥム、シュウ、テフヌト、ゲブ、ヌウト、オシリス、イシス、セト、ネフティスよ。アトゥムの子らよ、九神の名にかけて、王にアトゥムの善意を送りたまえ。

ピラミッド・テキスト　１６５５節

【ヘリオポリスの神官　THE PRIESTS OF HELIOPOLIS】

古代エジプトのヘリオポリスの神官たちは、輝く者たちと同様に、預言、天文学、数学、建築学、魔術、芸術に精通していました。ベンベン石は永遠の現実と賢者の石と関係しています。

【ホルス　HORUS】

両翼を上げたタカによって象徴されるHERまたはHORUSは、古代エジプトにおけるファラオの強力な統治を表すシンボルです。ホルスは光とまばゆいばかりの輝きを表す重要なシンボルであり、輝ける者たちと繋がる生ける系譜を内面につくり出します。ホルスはあなたの光とまばゆさそのものであり、最も古い信仰と繋げてくれます。

【マアト　MAAT】

マアトは真実と正義と宇宙の秩序と同一視されます。夢の領域には女性性の叡智に至るためのゲートがあります。大いなる人類と世界への梯子《はしご》(または道)は、マアトの原理によって統制されています。

【瞑想　MEDITATION】

世界中のほとんどの文化圏には、祈り、儀式、セレモニー、マントラ、ヨガ、太極拳、気功、武道、瞑想など、その瞬間への気づきを深めるための実践法があります。意識的になることで人生が変わり、苦しみが緩和され、感情を制御し調節する能力がアップし、機能不全の感情が変容し、感情のプログラミングが進化して改善され、ネガティブなものの見方や視点が減り、鬱状態が緩和され、アンバランスだった脳の回路が変換します。

熟練した瞑想家や変容ワークの実践者は気づきの力が高まり、その結果、自分をより愛し、大切にするようになり、世界に対する自覚も芽生えてきます。ただし、目覚ましい結果を出すためには定期的に実践する必要があります。

【ラー　RA】

ラー(またはレー)は他の多くの神々と混合し、ラー・ホルアクティやアモン・レーなどの名前が生まれました。ラー自身、他の神々の影響を受けています。ラー・ホルアクティの鷹の頭はホルスとの繋がりに由来します。ラーの影響力は、ラー信仰の中心地であったオン（ヘリオポリス）から広がっていきました。第４王朝以降の王は、即位時に、王の称号の末尾に「ラー」または「ラーの息子」が加えられるようになりました。マアトの父であるラーは、宇宙における正義と公正の源とされていました。

引用文献

P.31 E.A. Wallis Budge 〝The Egyptian Book of The Dead〟 Penguin Classics, 2008
ウォリス・バッジ『世界最古の原典・エジプト死者の書』（今村光一 訳／たま出版）1994

P.42-43 Edgar Evans Cayce 〝Edgar Cayce on Atlantis〟 # 1486-1, 27-31, Edgar Cayce,s A.R.E. Association for Research and Enlighte November 26, 1937. www. edgarcayce.org.

P.58-60 Paul Broadhurst & Hamish Miller 〝The Sun and The Serpent〟 Mythos Press, 1989

P.61-62 James Fergusson 〝A History of Architecture in All Countries〟 1893

P.84 Christian and Barbara Joy O'Brien The Genius of the Few and the Golden Age Project run on behalf of the authors by Edmund Marriage www.goldenageproject.org.uk

P.86 Arthur Weigall 〝The Life and Times of Akhenaton Pharaoh of Egypt〟 William Blackwood and Sons. 1910

P.111-112 Dr. Dawson Church 〝Psychological Clearing Prelude to Soul Emergence〟 2007

P.124-125 Gail Bernice Holland 〝The Rainbow Body〟 first appeared in the Noetic Sciences Review, (March-May 2003, issue number 59, pages 32 and 33) the Institute of Noetic Sciences (IONS), quoted with permission of IONS (www.noetic.org). 2002

P.127 Paul Pévet 〝The internal time-giver role of melatonin. A key for our health〟 www.ncbi.nlm.nih.gov/pubmed/25287733. 3 October 2013

P.132-133 Dr. David Wheeler www. healthbreakthroughs.net

P.149 R.H. Charles (ed.) The Book of Enoch. 1917

P.165 Alvin Powell 〝Backing the Big Bang〟 Harvard Gazette, 17 March 2014
P.166 Lee Simmons 〝Water, Water Everywhere, Radio telescope finds water is common in universe〟 Harvard Gazette, 25 February 1999
P.181-182 リー・キャロル&ジャン・トーバー『インディゴ・チルドレン――新しい子どもたちの登場』（愛知ソニア 訳／ナチュラルスピリット）2001
P.188-189 One Thought for World Peace　www.traceyash.com

参考文献

Valence Angenot. 〝Horizon of Aten, in Memphis?〟 Journal of the Society for the Study of Egyptian Antiquities, 35, 2008
ロバート・ボーヴァル&エイドリアン・ギルバート『オリオン・ミステリー――大ピラミッドと星信仰の謎』（近藤隆文 訳／日本放送出版協会）1995
リー・キャロル&ジャン・トーバー『インディゴ・チルドレン――新しい子どもたちの登場』（愛知ソニア 訳／ナチュラルスピリット）2001
Edgar Evans Cayce. 〝Edgar Cayce on Atlantis〟 Grand Central Publishing, 1968
エドガー・エバンズ・ケイシー『アトランティス』（林陽 訳／中央アート出版社）2004
Brian Cox & Andrew Cohen. 〝Human Universe〟 William Collins, 2014

グレッグ・ブレイデン『フラクタルタイム―２０１２年の秘密と新しい時代』（島津公美 訳／ダイアモンド社）2009

Paul Broadhurst & Hamish Miller〝The Sun and The Serpent〟Mythos Press, 1989

ウォリス・バッジ『世界最古の原典エジプト死者の書』（今村光一 訳／たまの新書）1994

Dr. Raymond Faulkner & Dr Ogdon Goelet, Carol Andrews & James Wasserman〝The Egyptian Book of The Dead : The Book of Going Forth By Day〟Chronicle Books, 1994

Timothy Freke & Peter Gandy〝The Hermetica : The Lost Wisdom of the Pharaohs〟Penguin Group. Tarcher Edition, 1999

John Gagnon.〝Message from The Ancients : The Great Pyramid and The Hudson Bay Pole〟Victor & Company, 2009

ローレンス・ガードナー『失われた聖櫃《アーク》 謎の潜在パワー』（楡井浩一 訳／清流出版）2009

Philip Gardiner with Gary Osborn〝The Serpent Grail : The Truth Behind The Holy Grail. The Philosopher, s Stone and The Elixir of Life〟Watkins Publishing, 2005

Philip Gardiner with Gary Osborn〝The Shining Ones : The World's Most Powerful Secret Society Revealed〟Watkins Publishing, 2010

Barry Kemp〝The City of Akhenaton and Nefertiti : Amarna and Its People〟Thames & Hudson, 2012

Helene. E Hagan〝The Shining Ones〟Xlibris Corporation, 2000

グラハム・ハンコック『神々の指紋 上・下』（大地舜 訳／翔泳社）1996

グラハム・ハンコック『天の鏡―失われた文明を求めて』（大地舜 訳／翔泳社）1999

グラハム・ハンコック、ロバート・ボーヴァル『タリズマン―秘められた知識の系譜』
（大地舜 訳／竹書房）2005

Lise Manniche〝The Akhenaton Colossi of Karnak〟The American University in Cairo Press, 2010

リン・マクタガート『フィールド　響き合う生命・意識・宇宙』（野中浩一 訳／河出書房新社）2004

Stephen. S Mehler〝The Land of Osiris〟Adventures Unlimited Press, 2001

Stephen. S Mehler〝From Light into Darkness〟Adventures Unlimited Press,2005

Jeremy Narby〝The Cosmic Serpent :
DNA and The Origins of Knowledge〟Phoenix and imprint of Orion Books, 1995

Jeremy Naydler〝Shamanic Wisdom in the Pyramid Texts :
The Mystical Tradition of Ancient Egypt〟Inner Traditions, 2005

Christian and Barbara Joy O'Brien〝The Genius of The Few :
The Story of Those who Founded The Garden in Eden〟Dianthus Publishing, 1988

Paul Pévet〝The internal time-giver role of melatonin. A key for our health〟
www.ncbi.nlm.nih.gov/pubmed/25287733.　3 October 2013

リン・ピクネット＆クライブ・プリンス『火星＋エジプト文明の建造者「9神」との接触―
シリウス起源の超知性との聖なる扉「スターゲート」の研究』（林陽 訳／徳間書店 超知ライブラリー）2004

Alison Roberts〝Hathor Rising : The Serpent Power of Ancient Egypt〟Northgate Publishers, 1995

R. A. Schwaller de Lubicz 〝Esoterism & Symbol〟 Inner Traditions International,1985
R. A. Schwaller de Lubicz 〝Sacred Science :
The King of Pharaonic Theocracy〟 Inner Traditions International,1988
R. A. Schwaller de Lubicz 〝The Temple of Man :
Sacred Architecture and the Perfect Man〟 Inner Traditions International, 1949
Laird Scrantin 〝The Science of The Dogon : Decoding The African Mystery Tradition〟 Inner Tradtions, 2002
須田郡司『日本の巨石 イワクラの世界』（パレード）2008
ロバート・テンプル『知の起源―文明はシリウスから来た』（角川春樹事務所）1998
David Vernon 〝Human Potential :
Exploring Techniques Used to Enhance Human Performance〟 Routledge, 2009
David Wilcoc 〝The Hidden Science of Lost Civilizations :
The Source Field Investigations〟 Souvenir Press, 2011
リチャード・H・ウィルキンソン『古代エジプト神々大百科』（内田杉彦 訳／東洋書林）2004

参考ウェブサイト

読者の興味をそそるかもしれないウェブサイトを挙げます。

www.hcbi.nim.nih.gov
www.oed.com

www.pia-journal.co.uk
www.geology.com
www.gizapyramid.com
www.huffingtonpost.com
www.ions.org
www.nationalgeographic.com
www.melatoninresearch.org
www.mindunleashed.com
www.mosaicscience.com
www.oprah.com
www.pia-journal.co.uk
www.egyptsites.wordpress.com
www.fluoridealert.org
www.telegraph.com
www.superconsciousness.com
www.princeton.edu

謝辞

最初に、私のかけがえのない娘であるスカーレットとインディア・メイに感謝します。２人は古《いにしえ》の知識や遺跡を巡る冒険に気長に付き合い、支えてくれました。娘たちはひらめきに満ちた若い女性に育ちつつあります。

また、２０１４年の晩夏から秋にかけ、私と意見を交わし、優しい応援の言葉をかけてくれた家族や友人たちに心から感謝します。

この時期、私は大切な週末も含めてオフィスに何週間もこもり、家族と過ごす午後のお茶や、イギリスの田園地方をのんびり散歩する時間を恋しく思ったものです。そんな私を愛情たっぷりのお茶が入ったマグカップと美味しい手料理で支えてくれたことに感謝します。旅行で留守をしている間、娘たちの面倒を見てくれた両親にも感謝します。

フィンドホーンプレスの著者のひとりに私を迎えてくれたサビーヌ・ウィークにも感謝します。私は「フィンドホーン」という団体の功績に深く感銘を受けました。本書はフィンドホーンプレスで出版されるべく出版された気がします。これほど素晴らしい団体にこのプロジェクトを支えてもらったことを幸運に思います。シエリー・ボグリオロ、カール・ショー、ミエケ・ウィク、エレーヌ・ハリソン、ゲイル・トールをはじめ、フィンドホーンプレス社の方々全員、特に素晴らしい編集を手がけたマイケル・ホーキンズに感謝しています。

この場を借りて、私のイギリス国内と海外のワークと研究と執筆に影響を与え、開発を助け、今も支えている大勢の素晴らしい人々や団体に深く感謝します。

中でも、次の３人の女性に大いに啓発されました。

まずは、前世紀イギリスの偉大なミディアムシップの系譜を継ぐアイビー・ノーセジです。

１９９３年のある晴れた午後、私はサウス・ケンジントンにあるカレッジ・オブ・サイキック・スタディーズの門をくぐり、アイビーのずば抜けたミディアムシップを目の当たりにしました。満員の観客を前にしたトランスチャネリングに関する講義と、多くの観客へのリーディングの実演は、彼女の非凡な才能を表していました。

この時、私の受けたリーディングは、子供時代の強烈な体験と、プロの霊能力者になる方向性を、細部にわたって裏付けるものでした。

２人目はカレッジ・オブ・サイキック・スタディーズの元学長であり、今のワークを発展させる上で良き師となったスザンナ・マキナニーです。

私は同カレッジで学んだ後、２０００年に当時の学長だったスザンナに自由契約の講師とコンサルタントとして招かれました。カレッジ・オブ・サイキック・スタディーズでトレーニングを受ける人は何千人もいますが、スーザンの指導のもとに仕事に呼ばれた人はあまりいません。

この時、私が開発した若者のためのスピリチュアリティや気づきのプログラムは、初期のパイオニアや変革者のためのシンクタンクと触発の場となり、私の今のワークの原点といえます。この団体の提供する最高の基準は、今も私にとって大きな刺激となっています。

3人目は、時代をはるかに先駆けてヒューマン・ポテンシャル運動に目覚ましいかたちで貢献したシャーリー・マクレーンです。

私は彼女の著書『アウト・オン・ア・リム』(角川文庫)を通じて魔法のように啓発され、自己探求とより良い世界の創造に関わる方向へ導かれました。


私の人生と運命に関わってくれた、次の人々と団体に心から感謝します。

本書の日本語版の出版に尽力してくださったナチュラルスピリットの今井博央希社長、そして日本のサイキックスクール、平和のための富士山リトリート、ライフビジョンスクール、セレスティアル・ヒーリング、個人セッション等のプログラムを提供してくれたシンクロニシティ・ジャパン、特に掘真澄社長とスタッフの深澤京子さん、長谷山絢子さん、菅原明子さん、鏡見沙椰さんに感謝します。

2011年の元旦、私はグラストンベリーのトールの丘で世界平和のために瞑想し、地球のどこであろうと奉仕し、貢献しに行くという思いを発信しました。それから1、2週間後のある寒い1月の午後、ロンドンのヴィクトリア&アルバート博物館でシンクロニシティ・ジャパンの市村美代さんとお茶を飲みながら、日本での仕事をオファーされたのです。そして今、最高のチームと共にシンクロニシティ・ジャパンのナンバーワン講師の仕事を楽しんでいます!

私を日本サイ科学会と久保田昌治博士に紹介してくれたキャサリン・ケイツさんにも感謝します。素敵な夕食会や、共同執筆の論文を通じて過ごす時間は、私にとってこの上なく楽しいものです。

イギリスにおけるライフビジョンスクール、サイキックスクール、ライフビジョン・リーディングの仕事を、長きにわたって支えて続けている、ロンドンのヴァイオレットヒル・スタジオとポーリーンとトニー・グロマン夫妻の友情にも感謝します。

私の講演や記事掲載に尽力してくれたTree of Life Festival, Mind Body Soul Experience, Mind Body Spirit Festival、ナチュラルスピリット社と『スターピープル』誌に感謝します。

また、次の人々に深い感謝の意を表明します。

アンソニー・ポヴァア、リチャード・ダンサー、マックス・イームズ、ティム・ウィーター、キャロライン・ホーン、マルケタ・ボラ、ジョギンダ・ボラ、リンダ・スティーブンズ、アンドレアス・スラシー、ジョー・ホワイト、渡辺奈穂子さん、三原田玲子さん、松尾信孝さん、エンライト真理子さん、ニュートンとアンジェリーニ・オリヴェイラ、サラ・マチャド、エマ・L・ゲイウッド、アドリエンヌ・レヴォニアン、ジョン・オブ・ゴッド、英国スピリチュアリスト協会、神智学協会、イザベル・ブリテイン、マリー・エイスル、The Conscious Network、The Yoga Show, Yoga Life, Kindred Spirit, IONS（ノエティックサイエンス研究所）、リチャード・ワードロデン、エイリーン・キャディ、キャロライン・ミス、ダライ・ラマ、アーサー・コナン・ドイル、トレイシー・ウェスト……。

イギリスと日本のサイキックスクール及びライフビジョンスクール、日本のセレスティアル・ヒーリングスクール、エジプトのコンシャスリトリート及び「光への回帰ツアー」を支えるスタッフ一同（中でも優秀なエジプト学者のロマニーとルモン）には、特別に感謝したいと思います。

最後になりますが、この激動の時代において、地球と人類の明日のために新たな夢を築くべく、日夜努力し続けているすべての意識の目覚めた人に、私の愛と感謝と深い敬意を捧げます。

訳者あとがき

セレスティアル・ヒーリングは、トレイシー・アッシュの教えるワークの中で、私が最も心惹かれるものです。それは「天空の癒し」を意味するネーミングのせいかもしれないし、オシリス、イシス、ホルス、マアトなど、今までの自分にはあまり馴染みのなかった、エキゾチックで美しい響きのせいかもしれません。しかし、最大の魅力は、筆者自身が過去世の記憶を持つという、古代エジプトの神々しいまでの光や空気をじかに感じられることにあると思います。

今までエジプトと言うと、旧約聖書でモーゼと対決した魔術師や、怪しげな秘儀といった暗くておどろおどろしい印象がありましたが、セレスティアル・ヒーリングに出会って初めて、光溢れる聖地としての古代エジプトを知った気がします。

本書は、筆者がソースコードと運命の出会いを果たした経緯や、古代エジプトの歴史や神話、人間の意識の驚異的パワーについて記したものです。第Ⅱ部では、瞑想を重ねてきた筆者ならではの極意が実践的手法と共に紹介され、序文とまえがきを含めた全編には、来たるべき新しい時代を牽引するライトワーカーたちを鼓舞する、応援歌とも言える文章が散りばめられています.

「神は自分の外にいる存在ではない」

この考え方は常に筆者の教えの根幹にあります。第Ⅱ部の瞑想編で扱われるネテルも、どこか別世界にいる存在《エンティティ》ではなく、あくまでも人間の意識の働きの一部として、自分に内在するひな型《テンプレート》として呼び起こすものです。自分の力を取り戻すという、このエンパワーメントの思想こそが、人々に最も希望を与え、魂を上昇させる、トレイシー・アッシュのワークの特徴ではないでしょうか。

ここではソースコードとは何か､頭で理解するだけでなく､心で感じてみてください｡専門書を含め、エジプト関連の本は多々ありますが、イクナートン治世下の神官を自負する筆者だからこそ、伝えられるものがあると思います。それはイクナートンが愛し、復興させようとした黄金期の光であり、古代人の信仰の対象であった、静けさも内包した純粋な光です。それがソースコードの喚起と共に、古代の輝きのままに甦り、意識の覚醒を促すのです。これがセレスティアル・ヒーリングの本質であり、筆者の他のワークにも共通に感じられる精妙なエネルギーなのかもしれません。

本書を通してあなたがそれを発見し、内なる神性と繋がることを願っています。

最後になりますが、本書の出版を可能にしたナチュラルスピリットの今井博央希社長と、丁寧な作業と助言で訳者を支えてくださった編集の澤田美希さんに感謝します。

２０１６年2月　鏡見沙椰

■著者プロフィール■

トレイシー・アッシュ（Tracey Ash）

英国在住の、非常に優れたサイキック能力を持つ著名なライトワーカー。

セレスティアル･ヒーリング、コンシャス･ネットワーク、コンシャス･リトリート、ライフビジョンスクール、サイキックスクールの創始者。また、１９９７年に古代エジプトの知識である『光の本』にアクセスし、「ライフヴィジョン・アウェイクニング・システム」を創り上げる。日本サイ科学会名誉会員。

正確すぎるサイキック・リーディングと、最高の可能性を発揮した人生のヴィジョンをリーディングする「ライフヴィジョン･リーディング」で、世界中に多数のクライアントを持ち、今までに行ったリーディングは1万２０００回、スクールやリトリート、フェアに参加した人の数は3万人を超える。

日本で開催する個人セッションは、毎回早期満席となるほどの人気がある。高レベルの気づきを促し、人間の潜在的可能性を開花させるためのスクールをロンドン、東京、リスボンで設立している。

内面の重要なストーリーを変え、平和と気づきの中で可能性を再構成するための「方法論《ハウツー》」を明らかにする。革新的瞑想テクノロジー、変容ワーク、具現化のプロセス、高波動の生き方、人類と地球の新しい癒しのひな型《テンプレート》を考案。人間の宇宙的起源を、古代遺跡や新たな歴史観とスピリチュリティを通して研究している。

著書に『Life Vision : Change Your World』(John Hunt Pub 邦訳未刊）がある。

www.traceyash.com

http://youtu.be/-UkdAKkDErE
The Source Codes, Egypt, Film Archive 2011
www.youtube.com/user/awakeningsystem

■訳者プロフィール■

鏡見沙椰（かがみ・さや）

東京外国語大学卒。思春期までをスペイン等の海外で過ごす。マスコミ関係の通訳・翻訳業務に関わり、1997 年から精神世界の分野に活動の場を広げる。現在、フリーランスの通訳･翻訳家。

訳書にアリエル・スピリスバリー『マヤン・オラクル〜星に還る道』、ヴァイアナ＆ガイ・スタイバル『祈りの翼に乗って シータヒーリング誕生のラブストーリー』（ともにナチュラルスピリット）、リサ･ロイヤル・ホルト『ギャラクティック・ファミリーの地球のめざめ』、リサ・ロイヤル・ホルト『コンタクト―意識変容への扉』（ともにヴォイス）等がある。

古代エジプトのセレスティアル・ヒーリング
高波動へのソースコード

●

2016年3月21日　初版発行

著者／トレイシー・アッシュ
訳者／鏡見 沙椰

装幀／斉藤よしのぶ
編集／澤田 美希
本文デザイン・DTP／細谷 毅

発行者／今井博央希
発行所／株式会社ナチュラルスピリット
〒107-0062　東京都港区南青山5-1-10
南青山第一マンションズ602
TEL 03-6450-5938　FAX 03-6450-5978
E-mail:info@naturalspirit.co.jp
ホームページ http://www.naturalspirit.co.jp/

印刷所／創栄図書印刷株式会社

ISBN978-4-86451-199-5 C0011